AF399343

Martin Reén

Att samarbeta med Kristi kärlek

Att Bygga en Dynamisk Relation med Gud

När inget annat anges har bibelcitat hämtats från Svenska Folkbibeln 2015; © 2015, Stiftelsen Svenska Folkbibeln, Stockholm, och Stiftelsen Biblicum, Ljungby.

© 2023 Martin Reén
Originalets Titel: *Partnering With the Love of Christ*
Översättning: Börje Norlén
Tryck: BoD – Books on Demand, Norderstedt, Germany
ISBN: 978-91-988112-8-5

INNEHÅLLSFÖRTECKNING

FÖRORD

När jag skrev min förra bok, *Förbli i Faderns kärlek*, stod det snart klart att jag av brist på utrymme skulle bli tvungen att hoppa över en hel del av det jag där ville förmedla. Jag ville egentligen ge ytterligare undervisning om vårt liv som söner och döttrar i gemenskap med Far. Under det att jag skrev den boken hade jag redan tankar på att skriva ännu en bok. Jag visste inte riktigt hur jag skulle börja, men jag fick lite mer klarhet gällande detta när jag hade spelat in ett avsnitt till en av mina poddar som handlade om att investera i vår relation till Gud. Poängen med det avsnittet var att om vi vill ha en stark och nära relation med Gud, behöver vi investera i den. Detsamma gäller för alla typer av relationer. I detta podd-avsnitt delade jag några praktiska råd och lite enkla principer om hur man kan göra detta. Jag fick ett väldigt positivt gensvar på den undervisningen, och upplevde då att den helige Ande talade till mig om att skriva en bok i samma ämne. Denna bok är resultatet av detta och är också den andra boken i en tänkt serie, med titeln *Att förbli i Guds kärlek*.

I min förra bok, *Förbli i Faderns kärlek*, lade jag grunden som den här boken bygger vidare på. Även om det inte är nödvändigt så rekommenderar jag att du läser den först. Det ger dig möjlighet att djupare förstå de sanningar som denna bok är byggd på. Mitt främsta fokus i min förkunnelse har varit – och fortsätter vara – Faderns kärlek och Jesu Kristi fullbordade verk. Samtidigt har jag alltid älskat andlig disciplin, och har alltid varit överlåten till goda vanor för att investera i min relation med min himmelske Fader. Jag har också sett ett ökande behov att lyfta denna fråga. Anledningen till detta är att en del vänner som har fått tag på mer uppenbarelse om Guds nåd och Faderns kärlek, har blivit väldigt passiva. Det beror på att man förväxlar goda vanor och andlig disciplin med lagiskhet.

Detta är ett missförstånd. Det är en sak att drivas av skuld och längtan efter att vinna Guds gillande. Det är något helt annat att bygga en djup relation med Jesus genom att investera tid i vårt liv med Honom. Lagisk strävan leder alltid till frustration och utmattning, medan att gensvara till Hans kärlek kommer att leda oss in i frihet och en djupare relation med Jesus Kristus.

Tidigt i min tjänst bestämde jag mig för att aldrig undervisa om ämnen som jag själv inte har ljus över. Jag vill dela andligt liv och uppenbarelse, inte bara information. Därför är det viktigt för mig att varje ämne jag tar upp först måste ha blivit uppenbarat för mig genom den helige Ande. Det jag undervisar behöver vara ett med mig. Det är anledningen till att jag har valt just de andliga övningar som jag skriver om i den här boken. Dessa har varit en viktig del av min resa med Jesus. Jag skulle aldrig vilja leva utan de möten med Gud som de har givit mig.

Mitt hopp och bön är att denna bok ska bli till hjälp, välsignelse och uppmuntran även för dig. Fadern kallar dig djupare in i sin närhet och när du gensvarar till Hans kärlek kommer du att växa in i en allt djupare gemenskap med Honom. Du kommer att finna sann tillfredsställelse och den frid som bara Fadern kan ge dig. Dessutom kommer många människor uppleva livsförvandlande möten med Guds kärlek genom dig!

Din bror i Kristus,
Martin Reén

INTRODUKTION

Att möta Guds kärlek är en livsförvandlande upplevelse. När vi lär oss förbli i Hans närvaro, kommer livet i Guds kärlek bli hela vårt liv. Detta var poängen som jag ville nå fram med i min förra bok i denna serie, med titeln *Förbli i Faderns Kärlek*. Faderns plan för oss har alltid varit att vi ska lära oss att ta emot och leva av hans godhet. Men detta innebär inte att vi skall förbli passiva. Gud har lagt ner både längtan och förmåga i oss att gensvara till hans kärlek. Anledningen till detta är att vår Far längtar efter en levande relation med sina barn. Det innebär i sin tur att vi ska vara både mottagare och förmedlare av hans nåd och kärlek. På det sättet kan vi samarbeta med Jesus Kristus så att hans liv och karaktär kan forma hela vårt liv. Det ligger en väldigt stor glädje och tillfredsställelse i att överlåta oss till hans eviga kärlek. Detta är också anledningen till att denna bok fått titeln *Samarbeta med Kristi Kärlek – Att Bygga en Dynamisk Relation med Gud.*

Hur kan jag bygga en djup relation med Fadern?

En vanlig fråga bland troende handlar om hur man bygger en djup och nära relation med Far. Detta har varit min längtan ända sedan den dag jag mötte Jesus. Jag har insett att jag inte är ensam i min längtan efter att lära känna mer av djupen i Guds hjärta. I alla möjliga kristna sammanhang möter jag troende som längtar efter en djupare relation med Far. Anledningen till att jag skrivit denna bok är att inspirera dig att växa in i en intim relation med Honom. Jag betraktar mig inte som en expert på hur man ger sitt gensvar till Guds kärlek. På många sätt är jag mer en liten pojke inför det som har med Gud att göra. Jag har mycket att lära mig om att växa i min relation med Far. Men i denna bok vill jag ändå dela några glimtar av vad jag hittills tagit till mig i min vandring in i djupen av Faderns hjärta.

Detta är ingen instruktionsbok till hur man lär känna Gud. Han är en levande person och en djup relation med Jesus kan därför se väldigt olika ut för olika människor. Även fast det är så, har Bibeln en hel del att säga om hur vi kan dra oss närmare Honom. Vi kommer att finna livets sanna mening när vårt främsta syfte blir att älska och lära känna Fadern. Att detta överhuvudtaget är möjligt, beror enbart på att Han först har älskat oss. När vi möter Hans kärlek, vill vi gensvara med hela vårt hjärta (1 Joh. 4:19).

Ett hjärta i vila

"Och hoppet sviker oss inte, för Guds kärlek är utgjuten i våra hjärtan genom den helige Ande som han har gett oss" (Rom. 5:5). När Guds kärlek fyller våra hjärtan dras vi in i en allt djupare intimitet med Honom. Bara Jesus kan möta vår djupaste längtan. Vi skapades till att älskas av Honom och våra hjärtan finner sann frid enbart i Hans närhet. Hjärtat är själva kärnan i vår personlighet så när våra hjärtan har frid finner vi sann vila. Det finns inget bättre liv för oss, än att leva i nära gemenskap med Jesus Kristus. Detta är och kommer alltid förbli vår högsta kallelse (1 Kor. 1:9).

Vår längtan efter att gensvara till hans kärlek

Fadern går alltid med oss i kärlek och nåd och Han har alltid sitt välbehag i oss. Fadern kommer aldrig någonsin förändras, men liksom i alla relationer som skall växa, behöver vi ändå spendera kvalitetstid tillsammans med Gud. Vi behöver ta tid där han får vår fulla uppmärksamhet. Syftet med all andlig disciplin är att hjälpa oss med detta. De kan beskrivas som de hjälpmedel Gud har gett till oss så att vi kan lära oss förbli i Faderns kärlek och vända våra hjärtan till Jesus. Andlig disciplin har hjälpt mig att bygga upp en daglig rytm i min relation med Fadern, Jesus och den helige Ande. De hjälper mig att lära min själ att förbli i Guds närvaro.

Jag har upptäckt att även fast jag vet att Han älskar och förblir hos mig, så behöver jag ändå dagligen påminna mig om att hålla kontakten med Honom levande. Där är den andliga disciplinen en stor hjälp. Det händer ibland att de som fått en uppenbarelse av Guds nåd och Faderns kärlek, blandar ibland ihop goda vanor och god andlig disciplin med lagiska gärningar. Men detta är helt skilda saker. Andliga discipliner handlar om att samarbeta med Jesus Kristus så att vi kan formas till hans avbild. Detta är inget vi kan göra i egen kraft. Det blir möjligt enbart i gemenskap med Honom som verkligen förmår förvandla oss.

Min glädje och tvekan inför att skriva denna bok

Det har varit en stor glädje för mig att skriva denna bok. Att hitta olika vägar för att gensvara till Far är det som ger mig allra störst glädje i livet. Det är också anledningen till att jag älskar andliga övningar så mycket. Jag kände viss tvekan när det blev klart för mig att jag skulle skriva den här boken. Jag insåg att några nästan helt säkert skulle missförstå vad jag vill kommunicera. De skulle dra slutsatsen att gemenskap med Gud handlar om hur bra vi är på att utföra religiösa prestationer. Men jag insåg att min tvekan byggde på fruktan och därför beslöt jag ändå att skriva boken.

Att leva i förvissningen att vi är villkorslöst älskade av Fadern och att vårt liv vilar på Kristi fullbordade verk, är både vår grund och vårt mål som Guds söner och döttrar. Andliga övningar är bibliska vägar att gensvara till Honom som älskat oss först, men de är aldrig det viktigaste. Om du skulle tro att det är så, behöver du låta Herren förnya ditt sinne och i stället fokusera på att leva i Faderns kärlek (1 Joh. 4:16-19). Men vi behöver trots allt ändå bygga goda vanor tillsammans med Gud. De hjälper oss att förbli fokuserade på Honom och bygga ett liv som håller i längden och växer sig starkare tillsammans med Jesus.

Att bli läkt från såren som kommit av religiös undervisning

Det finns många som har blivit sårade på grund av en lagisk och prestationsbaserad undervisning om att bygga livet med Gud. Denna undervisning har haft goda intentioner, men den var inte grundad i uppenbarelsen om det Nya Förbundet och blev därför mer till skada än nytta. Den skapade prestation och andlig stress. Ibland har det blivit så att smärtan över detta i stället har drivit en del troende till ett motsatt dike, vilket har inneburit att de har förkastat all andlig disciplin som lagiskhet.

All undervisning som bygger på inre skador och sår, leder alltid till obalans och förvirring. Det är bättre att komma till Jesus med sina sår. Hos Honom blir vi tröstade och läkta. Om sår från lagisk undervisning kommer upp till ytan när du läser den här boken, rekommenderar jag att du går till Jesus med dina sår. Han är vår själs herde och vårdare. Han vill trösta dig och förmedla helande till din själ (1 Petr. 2:24-25). Jag har personlig erfarenhet av detta, eftersom jag har tagit emot mycket helande inom detta område.

Återupptäckt glädjen i att gensvara till hans kärlek

För många år sedan led jag av en andlig utbrändhet. Jag var inte utbränd i vanlig mening och mitt dagliga liv fungerade bra, men jag var sliten i min ande. Jag hade kämpat så länge för att få mitt andliga liv att fungera att jag till slut gav upp. Jag orkade inte ens försöka längre. Men efter att ha kommit till ett bottenläge i min relation med Gud, fick jag ett mycket starkt möte med Hans nåd. Det förvandlade mitt liv och läkte mitt hjärta.

Många av de uppenbarelser jag fick tag på då, har jag tagit upp i min bok *Förvandlad Genom Guds nåd*. Under en tid, efter att jag gått igenom denna andliga utbrändhet, blev det en utmaning för mig att överhuvudtaget be eller läsa Bibeln. Det hade blivit så förknippat med prestation för mig. Men allt eftersom tiden gick och jag förnyades i min ande, fann jag en ny längtan att gensvara till hans kärlek. Detta ledde mig till en återupptäckt av andliga övningar som ett sätt att umgås med Jesus.

Strukturen på denna bok

När det handlar om att bygga en livsstil där vi samarbetar med Kristi kärlek, finns det många områden som kan lyftas fram. Jag har valt att dela upp denna bok i två delar för att underlätta för dig att få en bild av vad det innebär att gensvara till Guds kärlek:

a. *Del ett: Utveckla ditt liv med Fadern i det fördolda*
    Denna del av boken ger dig en allmän överblick över vad Ordet säger om att samarbeta med Kristi kärlek. Vi skall här studera hur Far formar våra liv i enlighet sina syften och vad Ordet säger om vårt gensvar. Vi kommer att se närmare på våra motiv, kraften i goda vanor och lönen vi får när vi lever i det fördolda med Gud.

b. *Del två: Andliga övningar- I samverkan med Kristi kärlek*
    Denna del av boken tar upp andliga discipliner i ljuset av Nya Förbundet och Jesu fullbordade verk på korset. Vi tar upp andliga övningar som soaking, tillbedjan, att möta Jesus i Ordet, förbönstjänst och fasta.

Det har varit både spännande och utmanande för mig att skriva denna bok. Det har varit en process som hjälpt mig att finna nya kreativa sätt att knyta an till Faderns kärlek. Mitt hopp och min bön är att du kommer bli utmanad och uppmuntrad när du läser denna bok. Fadern älskar dig och väntar ivrigt på att du ska bli så fångad av hans kärlek, att du ger hela ditt hjärta till Honom.

Del Ett:

Utveckla ditt liv med Fadern i det fördolda

I denna del av boken skall vi studera några av de mer allmänna principerna gällande hur vi kan gensvara till Faderns kärlek. Dessa kapitel lyfter fram Guds längtan efter ett Kristuslikt folk. Kristuslikhet är alltid motivet till att vi gensvarar till hans kärlek. Vi kommer också att gå igenom hur vår Far älskar att belöna sina barn och hur vi kan bygga vårt liv i det fördolda med Gud.

KAPITEL 1:
I KRUKMAKARENS HAND

Jag vill inleda den här boken med att läsa en välkänd episod från Jeremia bok. Där blir profeten Jeremia ledd av Herren att gå ned till krukmakarens hus, där han får ta emot ett profetiskt ord:

Detta ord kom till Jeremia från Herren. Han sade: "Res dig och gå ner till krukmakarens hus. Där ska jag låta dig höra mina ord." Då gick jag ner till krukmakarens hus och såg att han arbetade på drejskivan. Och kärlet som han höll på att göra av leran misslyckades i hans hand. Då började han om och gjorde det till ett annat kärl, så som han ville ha det. Och Herrens ord kom till mig. Han sade: "Kan jag inte göra med er, ni av Israels hus, så som den krukmakaren gör? säger Herren. Som leran i krukmakarens hand, så är ni i min hand, Israels hus (Jer. 18:1-5).

Jag älskar att läsa denna berättelse. Den visar hur vår himmelske Far jobbar med oss för att forma oss till Kristuslikhet. Det är så vi blir de upprättade personer som Han har kallat oss att vara. Här blir det tydligt vilket tålamod och kärlek Fadern har till oss. Han ger aldrig upp, även när våra liv ser bedrövliga ut. När livet går sönder så beror det förstås inte på att Gud gör misstag. De misstag som vi gör, handlar om våra egna dåliga val. Men Gud kommer ändå aldrig att ge upp om oss. Vår Far älskar oss alltför mycket för att göra det. Han har ett mycket tydligt mål för oss och Han kommer inte ge upp förrän han får se det Han vill se i oss. Detta kan tillämpas på såväl den enskilde troende som på Guds folk som helhet. Fadern har alltid velat ha människor som återspeglar Jesus Kristus.

Vi ska se ut som Jesus

Vår Far visste precis hurdana Han ville att vi skulle vara, redan innan Han skapade världen: *"Dem som han i förväg har känt som sina har han också förutbestämt till att formas efter hans Sons bild, så att Sonen blir den förstfödde bland många bröder"* (Rom 8:29). Guds plan för oss har alltid varit att vi ska bli mer lika Jesus. I min bok, *Förbli i Faderns kärlek,* ägnade jag mycket tid att beskriva hur detta alltid varit Hans önskan. Den undervisningen kommer jag därför inte att upprepa här. Men för att vi ska kunna samarbeta med Jesu förvandlande verk i våra liv är det viktigt att förstå vad vi skall förvandlas *till.* Jesus är Guds originalbild som vi formas till, eftersom Han visar vad en sann människa är. Vi har blivit kallade att förvandlas på ett så radikalt sätt, att Kristi liv och karaktär blir synlig i hela vår varelse. Det är omöjligt för oss att nå det målet i oss själva och därför är det ett nådens verk. Fadern jobbar med oss och vi får säga vårt ja till Hans verk i oss. I takt med att Han fortsätter att förvandla oss så kommer våra liv att uppenbara mer av Jesus.

Fadern gör våra misslyckanden till en del av sin plan

Alldeles innan Paulus beskrev hur vi har blivit kallade att formas till Guds avbild, fastslog han: *"Vi vet att allt samverkar till det bästa för dem som älskar Gud, som är kallade efter hans beslut"* (Rom. 8:28). *"Allt"* inkluderar även våra misslyckanden och alla sår från vårt förflutna. Gud är expert på att forma oss till det kärl Han vill att vi ska bli. Till och med när livet går sönder, kan Han försona våra misslyckanden så att de blir en del av Hans plan för oss. Gud har inte orsakat det svåra som händer i våra liv. Mycket av det som har drabbat oss har inte varit Guds vilja. Men vår Far är så stor att Han kan använda även syndens konsekvenser och djävulens gärningar till något gott, om vi tillåter Honom att göra det. Detta inkluderar såväl de synder och överträdelser vi själva har begått, som de som andra begått mot oss.

Han är vår försonare och när Han utför sitt verk i våra hjärtan så kommer vårt liv bli ett vittnesbörd om Hans godhet och nåd.

Genom allt kommer Kristus att bli mer synlig i våra liv, och som en följd av detta kommer andra människors liv bli förvandlade. Kung David är ett bra exempel på detta. Han gjorde många fel, men trots detta eller kanske ännu mer på grund av detta, är Han ett mycket gott exempel på ett liv som blivit förvandlat genom Guds godhet och tålamod.

Kung David – en man efter Guds hjärta

David är troligen den mest omtalade kungen i Israels historia. Gud kallar David *"en man efter Guds eget hjärta"*. Detta är ett gott omdöme att få, speciellt när det kommer från Gud själv. Paulus anknyter till det när han predikar i synagogan i Antiokia. Där säger han så här om David:

"Gud gjorde David till kung över dem, och han gav honom sitt vittnesbörd: Jag har funnit David, Ishais son, en man efter mitt hjärta. Han ska utföra min vilja i allt" (Apg. 13:22-23).

Detta är det eftermäle David lämnat efter sig till oss som en man efter Guds eget hjärta. Trots detta hade David genomlidit många personliga tragedier och utmaningar. Det fanns tillfällen när han gjorde val som blev djupt olyckliga, med svåra konsekvenser för honom. Här ser vi några av hans misslyckanden:

- David begick äktenskapsbrott med Batseba som var gift med hans gode och mycket lojala vän, Uria. Han gjorde henne med barn (2 Sam. 11:1-5).
- Han ljög för att dölja sin synd (2 Sam. 11:6-13).
- Han lät döda sin vän, Uria, för att försäkra sig om att inte själv bli avslöjad (2 Sam 11:14-27).

Dessa ödesdigra personliga misstag och synder i kung Davids liv hade alla sin grund i hans otukt med Batseba. Han gjorde allt han kunde för att hans synd inte skulle bli känd. Detta var ett verkligt lågvattenmärke i kung Davids liv, men på grund av att Gud är god och nådefull så beredde Han en utväg för David. Gud sände därför profeten Natan till David för att tala in i kungens liv. Natan konfronterade David som ödmjukade sig. Han omvände sig, och Gud förlät honom hans synd. Trots detta dog barnet som Batseba väntade med David. David gifte sig sedan med Batseba och trots deras tidigare synd, blev hon gravid på nytt. Det barnet blev näste kung. Denne kung var Salomo (se 2 Sam. 11-12). Han blev den visaste kungen i Israels historia, och skrev också några av de böcker som ingår i Gamla testamentet.

Detta är ett slående exempel på hur Fadern arbetar med våra liv som en krukmakare. Han ger aldrig upp förrän vi omvänt oss på ett sätt som visar på Faderns förlåtande kärlek. Gud fortsatte i stället ge välsignelse till David. När han omvände sig stod David fram som exempel på sant ledarskap och auktoritet i Guds rike, i så hög grad att Bibeln beskriver att Jesus själv sitter på Davids tron (Luk. 1:32). Batseba fick bli mamma till den som Gud hade utvalt till kung Davids efterträdare, och Jesus själv blev en ättling till David (Matt. 1:5-6). Så kan ett trasigt liv bli förvandlat, när vi lämnar det i krukmakarens hand. Vår Far förvandlar svaghet till styrka, och gör våra sår till källor av välsignelse och läkedom för många.

Guds trofasthet och tålamod gentemot David

Gud gav aldrig upp om David. Den favör och heder Gud visade David och hans familj är förunderlig. När kung David föll i synd och var tvungen att leva med sina dåliga val, började Gud om igen och arbetade med David tills han blev den man Gud hade tänkt. Idag kommer vi ihåg David som en man efter Guds eget hjärta. Vilket underbart vittnesbörd om Guds nåd och godhet!

När jag har kämpat med min svaghet och trasighet så har David varit till stor uppmuntran för mig. Även om det sett mörkt ut för mig vissa stunder (vanligtvis på grund av min egen dumhet) så visste jag att Fadern ännu inte avslutat sitt verk i mig. Han är bäst på att upprätta och att ge nya chanser, även ifall vår smärta är en följd av egna misstag. Vår Fader älskar att ta sig an helt vanliga människor som har gått igenom svårigheter, och använda deras livshistoria som ett vittnesbörd om hans försonande kraft.

Skatten som är gömd i våra mänskliga lerkärl

Felsteg och brustenhet är en del av våra liv som människor. Det är ett vittnesbörd om Guds ödmjukhet, att Han ändå är villig att använda brustna människor för att fullfölja sina planer. Paulus tar upp detta när han skriver: *"Men denna skatt har vi i lerkärl, för att den väldiga kraften ska vara Guds och inte komma från oss"* (2 Kor. 4:7). Denna bibelvers har alltid varit en källa till hopp för mig. Vårt liv kan se ganska normalt och odramatiskt ut när vi lever i Faderns vilja. Ibland är det också tufft och lite utmanande. Men allt detta innebär inte att Gud inte verkar i och genom oss. Den bild Paulus använder här, av en människa som ett kärl av lera är väldigt odramatisk. Ett sådant lerkärl kan jämföras med en helt vanlig kakburk. Ett lerkärl var alltså något så alldagligt att man absolut inte förväntar sig att hitta en stor skatt där. Bilden visar hur Gud har dolt himmelrikets skatter i våra hjärtan. Vårt enkla, vardagliga liv blir övernaturligt, eftersom Kristus bor i oss.

Fadern formar våra liv så att skatten som finns dold inom oss kan bli synlig, genom att Guds rike uppenbaras i vår mitt. Detta äger rum i våra enkla omständigheter då Guds härlighet blir synlig i vår vardag, mitt i all dess kamp och utmaningar. *"Vi är ständigt trängda men inte instängda, rådvilla men inte rådlösa, förföljda men inte övergivna, nerslagna men inte utslagna"* (2 Kor. 4:7-9). I allt detta är vi mer än övervinnare genom Guds kärlek som verkar mäktigt i oss (Rom. 8:37). Men vi behöver även vara medvetna om att när vi överlåter oss till Herren och låter Honom jobba med oss, kommer det också innebära personliga offer.

Död som leder till liv

Vi har blivit levande med Kristus och vi är nu nya skapelser. Gud vill varken döda den nya skapelsen eller din nya identitet. Men vi måste låta personliga ambitioner och de köttsliga mönster som finns kvar från vårt gamla liv, korsfästas och dö.

Alltid bär vi Jesu död i vår kropp, för att också Jesu liv ska bli synligt i vår kropp. Vi som lever utlämnas ständigt åt döden för Jesu skull, för att också Jesu liv ska uppenbaras i vår dödliga kropp (2 kor. 4:10-11).

När vi dör bort ifrån våra egna ambitioner för att gensvara till det som Fadern gör så har det alltid med sig liv och genombrott i andra människors liv. *"Så verkar döden i oss, och livet i er"* (2 Kor. 4:12). Detta är en andlig princip vi kan hitta genom hela Bibeln. Jesus bekräftar också att det är så: *"Om vetekornet inte faller i jorden och dör, förblir det ett ensamt korn. Men om det dör bär det rik frukt"* (Joh. 12:24). Vi blir delaktiga i Jesu död genom att ge upp våra egna intressen och lägga ner vårt liv för andra människor. Då kommer vi att få se rik frukt. Detta är ett underbart löfte och när det blir verklighet, blir vi förvandlade till kärl som är avsedda till ett gott ändamål.

Ett kärl till gott ändamål

"Den som nu renar sig från dessa blir ett kärl till hedrande ändamål, helgat, användbart för sin herre och redo för varje god gärning" (2 Tim. 2:21). Vi har redan sett att vi inte kan förvandla oss själva. Men nu läste vi att om vi renar oss själva så blir vi kärl som är avsedda för hedrande ändamål. Detta kan låta som en motsägelse, men det är egentligen inte så svårt att förstå. Vår Far är den som renar och helgar oss, men vi väljer om vi vill samarbeta med Hans verk eller inte. Han helgar oss helt igenom om vi bara säger ja till Hans verk. Troende har ofta försökt förklara hur Guds allmakt och vår fria vilja hänger samman på två helt motsatta sätt:

1. **Gud är suverän och gör som Han vill.** Inom vissa delar av Kristi kropp har det varit ett så starkt fokus på Guds suveränitet, att det knappt finns utrymme att samarbeta med Jesus. Man räknar med att Gud alltid får som Han vill. Detta formar passiva troende som har missförstått hur Guds vilja fungerar. Därför lever de begränsade liv.

2. **Jesus har gjort sin del, nu är det upp till oss.** Andra har fokuserat så mycket på den troendes gensvar till Gud, att det verkar som om Guds vilja hänger på oss. Här blir utrymmet för Guds initiativ i stället minimalt, och Jesus blir beroende av vår vilja. Detta skapar stressade troende som inte vet vad det innebär att leva i trons vila.

Båda dessa antaganden är felaktiga, för vår förvandling bygger både på Guds makt och vår fria vilja. Vår Far vill ha en dynamisk och levande relation med sina barn. Ibland är det Gud som tar initiativet och vi gensvarar, men ibland är det tvärtom. Vi är satta till att samarbeta med Jesus så att hans vilja kan bli synlig i hela världen. Det är genom att samarbeta med Kristi kärlek som vi bygger ett starkt liv tillsammans med Honom.

Vi är kallade till att koppla ihop med Jesus

Detta står klart så snart vi förstår att vi har en dynamisk relation med Gud. Det innebär att både Hans vilja och vår vilja är viktiga. Gud har inte skapat tillvaron på ett sådant sätt att Han har full kontroll över allt som händer. Varje skapad varelse har till viss del en fri vilja, speciellt gäller detta för oss människor. Detta är anledningen till att vårt gensvar är så viktigt. Om Hans vilja ska fullbordas i våra liv så behöver vi bejaka den och samarbeta med Honom i det Han gör. När vi gensvarar till Hans kärlek, kommer vi bli användbara i vår uppgift i Guds rike. Vi har möjlighet att förlösa Guds vilja här på jorden och vi kommer att gå närmare in på hur det kan se ut i denna bok. Jag skall här ge några exempel som en illustration av hur vi kan samverka med Jesus för att hans vilja ska bli synlig:

- Bön och förbön
- Förkunna evangeliet
- Fasta
- Fullfölja våra gudagivna drömmar och visioner
- Tillbedjan
- Använda de andliga gåvorna

Vårt gensvar har varken med lagiskhet, eller att försöka få Guds rike att bli synligt i egen kraft att göra. Det handlar om att förbli i Faderns kärlek, och att utifrån det gensvara till Hans vilja. När vi gör det kommer Hans kraft och nåd verka genom oss. Detta är ett otroligt privilegium!

Gud initierar och vi gensvarar

"Därför, mina älskade, ni som alltid varit lydiga, inte bara när jag var hos er utan ännu mer nu när jag inte är hos er: arbeta med fruktan och bävan på er frälsning, för det är Gud som verkar i er, både vilja och gärning, för att hans goda vilja ska ske" (Fil. 2:12-13).

För att två personer ska kunna bygga en meningsfull och djup relation, behöver båda parter investera tid och uppmärksamhet i förhållandet. Detsamma gäller vår relation med Jesus. Han är den som är initiativtagare, men vårt gensvar är också viktigt. Att förbli i Faderns kärlek innebär inte att vi blir passiva, utan att vi får ge vårt gensvar så att Hans vilja kan fullbordas i vårt liv. Vi hänger oss åt Hans vilja, genom att ge Honom tillträde till alla de områden av vårt liv där förvandling behövs. Det handlar om att investera i vår relation med Gud. Genom att ge av vår tid, pengar och uppmärksamhet till Jesus, bygger vi ett fungerande liv med

Honom. Livet med Gud skulle bli ganska tråkigt om det enbart handlade om att passivt vänta på Honom.

Att vänta på Gud är inte detsamma som passivitet

Bibeln har mycket att säga om att vänta på Gud. Här följer ett bra exempel: *"Men de som hoppas [väntar] på Herren får ny kraft, de lyfter med vingar som örnar. De springer utan att mattas, de vandrar utan att bli trötta"* (Jes. 40:31). Detta är ett underbart löfte om den förnyelse och fräschhet vi tar emot när vi väntar på Herren i tro. Vi skall lära oss vänta på Herren, men samtidigt behöver vi förstå att detta inte är detsamma som att bli passiv. Att vänta på Herren är att söka Gud aktivt, samtidigt som vi förväntar oss att Gud gör något nytt. Ett sätt att göra detta är att utveckla goda vanor. De kommer inte att förvandla oss, men genom att hålla fast vid goda vanor, ger vi den helige Ande utrymme att fortsätta sitt arbete i våra liv.

KAPITEL 2:
KRAFTEN I GODA VANOR

Träna dig i stället i gudsfruktan. Fysisk träning är nyttig på sitt sätt, men gudsfruktan är nyttig på allt sätt, för den har löfte om liv, både för den här tiden och den kommande. Detta är ett ord att lita på och värt att tas emot av alla (1 Tim. 4:7-9).

Att kapitulera och överlåta sig åt den helige Andes verk är målet för all andlig disciplin. Men när vi ägnar oss åt andliga övningar som en träning i gudsfruktan, måste vi också förstå att det är ett långsiktigt arbete. Genom Guds nåd utrustas vi med kraft till att ta små steg i rätt riktning. Mitt liv är ett exempel på detta. Jesus tog mig på en resa som dödade alla mina andliga ambitioner och tron på min egen förmåga att skynda på Guds verk. Under denna resa hittade jag en mycket större vila i min andliga tillväxt.

När Jesus kom in i mitt liv så blev bön och mission mycket viktigt för mig. Jag kände tidigt en kallelse till detta. Därför läste jag ofta biografier om både män och kvinnor i väckelsehistorien som var bedjare och nyckelpersoner i olika väckelserörelser. Detta var en viktig tid för mig och dessa böcker skapade en hunger för det som ligger på Guds hjärta. Den längtan brinner fortfarande inom mig idag. Några av de böcker jag läste under den här tiden tillhör fortfarande mina favoritböcker. Jag läser dem regelbundet för att återuppliva den uppenbarelse och inspiration som de böckerna innebar för mig när jag var ny i tron. Dessa böcker handlade om människor som levde mycket radikala liv med Gud och som ofta bad flera timmar varje dag. Jag antog att jag var tvungen att göra likadant som de för att leva nära Gud.

Problemet var att jag inte ens var i närheten av dessa troshjältars andliga mognad. Inte heller hade jag den kunskap jag har idag om det Nya förbundet och om Guds Fadershjärta. Resultatet blev att jag blev väldigt lagisk i min relation till Jesus. Det var först när jag upplevt en andlig utbrändhet som jag började bygga en sundare relation med Jesus. Jag hittade då vägen till ett inre liv som höll över tid. En av de viktiga läxor jag lärde mig under den tiden är att ingenting så effektivt kan kväva vår längtan efter intimitet med Gud som lagiskhet och religiösa krav.

Små och realistiska steg

Paulus var en nådens apostel. Han bar på en djup insikt i det Nya Förbundet. Ändå hade han mycket att säga om andlig disciplin i sina brev. Till Timoteus gav han följande uppmaning:

Lid också du som en god Kristi Jesu soldat. Ingen soldat trasslar in sig i civila angelägenheter, han vill stå i tjänst hos den som har värvat honom. Den som tävlar får ingen segerkrans om han inte följer reglerna. Jordbrukaren som arbetar hårt bör vara den förste som får del av skörden (2 Tim. 2:3-6).

Han använder här bilden av en soldat, en idrottsman och en bonde, för att beskriva vilket slags fokus och disciplin som vi ska leva med som troende. Ingen blir elitidrottsman över en natt, inte heller kommer någon att bli en elitsoldat utan att förbereda sig. Detsamma gäller för oss som troende. Att bygga goda vanor och andlig disciplin som hjälper oss att växa i Gud, handlar om att ta små steg i rätt riktning.

Goda vanor kan liknas vid att äta. Att laga mat och äta ett par gånger om dagen är en naturlig del av livet för de allra flesta. Dessa återkommande måltider håller oss friska och välmående. Detsamma gäller för vårt liv med Jesus. Vi behöver äta och dricka av Ordet och Anden flera gånger om dagen. När du hittar en bra rytm för bibelläsning och bön som fungerar för dig och du håller fast vid den, kommer ditt andliga liv vara vitalt. Att överlåta sig till att läsa Bibeln och be tjugo minuter om dagen kanske inte låter mycket. Men att fortsätta att ta in Guds Ord dagligen på det sättet, kommer att göra dig stark på insidan. Formen på vår bön, eller hur många kapitel vi läser i Bibeln är inte det viktigaste. Vårt fokus ska i stället vara på att få rätt näring genom Ordet och Anden. Det handlar om att koppla ihop med Jesus och lära sig förbli i hans kärlek.

Att vara tillfredsställd och uppfylld av Anden

Frågan blir då hur mycket, och hur länge vi ska be och läsa Bibeln varje dag. Svaret är enkelt: *Ät Guds Ord och ta tid med Jesus tills du är mättad i din ande.* Det finns inga fasta regler för hur mycket tid vi ska ägna åt bön och bibelläsning. Det viktiga är att vi hittar ett bra flöde i vår gemenskap med Fadern, där vårt hjärta finner tillfredsställelse i hans kärlek. Det är lika naturligt som att äta. Vi äter tills vi blir mätta. På samma sätt äter vi av Ordet och dricker den helige Andes vatten tills vi är helt mättade i vårt inre.

Andliga övningar är nyttiga för oss

Jesus visade på en viktig princip i fråga om andliga övningar när Han förklarade skälet till att Gud gav sabbaten till oss. Han sade: *"Sabbaten skapades för människan och inte människan för sabbaten. Alltså är Människosonen Herre också över sabbaten"* (Mark. 2:27-28). Gud gav sabbaten av omsorg om oss. Han vill att vi skall få in en vilorytm i livet. Han skapade inte oss för vi ska hålla sabbaten. Samma princip gäller för alla andliga övningar. De är givna som en hjälp för oss att upprätta en intim relation med Jesus.

Goda vanor är inte vårt slutmål. Målet är att lära känna Guds hjärta. Om andliga övningar hjälper oss att nå det målet så är de en välsignelse för oss. Men om vi förlorar det verkliga målet ur sikte, och tror att vi kan lära känna Jesus genom våra goda vanor och egna ansträngningar – då har de förlorat sin avsikt. Om detta skulle ske, har vi blivit distraherade. Då behöver vi återupptäcka Guds villkorslösa kärlek och nåd. Detta är enda sättet för oss att finna sann tillfredsställelse och mättnad i vårt liv med Jesus.

Att se storheten i den ringa begynnelsen

Vi bör aldrig underskatta vikten av att ta små steg i rätt riktning. Profeten Sakarja predikar profetiskt om detta. Han samarbetade på ett mycket fruktbart sätt med profeten Haggai. Tillsammans uppmuntrade de och styrkte Israels folk i återuppbyggandet av Jerusalem och templet. Detta arbete hade stoppats på grund av de hot som kom från Israels fiender. Israels folk och dess ledare fann tröst och ny styrka i dessa unga profeters budskap (Esra 4:1-6:18). En viktig sak som Sakarja framhåller, är att se storheten i den ringa begynnelsen.

Sakarja talade profetiskt om hur Israels arbete med att upprätta templet skulle lyckas och göras färdigt: *"Serubbabels händer har lagt grunden till detta hus, och hans händer ska också göra det färdigt, och du ska förstå att Herren Sebaot har sänt mig till er. För vem föraktar den ringa begynnelsens dag?"* (Sak. 4:9-10)? När uppbyggnaden av templet i Jerusalem startade såg det oansenligt ut, men resultatet blev starkt. På samma sätt är det i våra liv när vi utvecklar goda vanor. Vi börjar genom att ta små steg och det är lätt att se detta som obetydligt. Men vi behöver lära oss att känna igen storheten i det lilla. Det är på det sättet som Guds rike växer i våra liv.

Att förstå hur Guds rike växer

Jesus sade om Guds rike: *"Himmelriket är som ett senapskorn som en man tar och sår i sin åker. Det är minst av alla frön, men när det har växt upp är det störst av alla köksväxter och blir ett träd, så att himlens fåglar kommer och bygger bo bland grenarna"* (Matt. 13:31-32). När Guds rike först planteras är det ofta genom ett litet frö, men det växer sig större än alla andra träd. Guds rike har en oerhörd växt kraft. Det gäller också i våra liv. Därför är denna liknelse ett bra sätt att beskriva hur de vanor som vi utvecklar kan förändra våra liv. Att påbörja en daglig vana att be och läsa Bibeln kan jämföras med att ett litet frö planteras i våra hjärtan. Men denna säd växer till ett stort träd, från vilket vi kan äta Andens goda frukter.

Goda vanor kan bli en kanal genom vilken Faderns kärlek kan genomsyra hela vår varelse. Jesus beskrev i samma undervisning Guds rike som *"en surdeg, som en kvinna tar och blandar in i tre mått mjöl tills alltsammans blir syrat"* (Matt. 13:33). Guds rike blandas in i vårt hjärta som surdegen. Snart genomsyras varje område av vårt inre liv med Guds kärlek. Våra små prioriteringar ger med tiden stora resultat. När jag ser tillbaka på mitt liv, är det inte de starka upplevelserna som har format mig mest. Nej, snarare har det varit de dagliga vanorna, av bön och bibelläsning, som gjort att jag kan förbli i Faderns kärlek. De andliga discipliner vi lever i, ger den helige Ande något att arbeta med i våra liv. En mycket klar illustration av detta får vi genom att se på ett annat exempel från Gamla testamentet.

Daniels exempel

Daniel är en av Gamla Testamentets mest spännande profeter. Han hade byggt upp sitt liv omkring vanan att be tre gånger om dagen i det rum som vette ut mot Jerusalem.

Så snart Daniel fick veta att skrivelsen var uppsatt, gick han in i sitt hus. På övervåningen hade han fönster öppna i riktning mot Jerusalem. Där föll han ner på sina knän tre gånger om dagen och bad och tackade sin Gud, precis som han tidigare brukat göra (Dan. 6:10).

Detta visar att han bad i tro på Herrens löften. Jerusalem var i centrum av det utlovade landet för där fanns templet och där höll man alla de viktiga högtiderna. Jerusalem representerade alla de löften som tillhörde Guds folk. Trots att Guds folk då levde i exil, fokuserade Daniel sitt böneliv runt Guds löfte om frihet och ett framtida återvändande till det utlovade landet. Eftersom Daniel var en av de mer framträdande personerna i Babylon, kan vi anta att han var en ganska upptagen man (Dan. 2:48-49). Det är inte speciellt troligt att han hade tid att be i timmar varje gång han gick in i bön. Men han bad konsekvent tre gånger om dagen. Han levde ett väldigt dynamiskt liv med Gud i bön, kombinerat med regelbunden fasta (Dan. 1:8-16, 9:1-3). Daniel hade byggt en djup relation med Gud och hans liv var uppfyllt av Guds favör.

Daniel och profetisk förbön

Daniel hade ett djupt och mycket rikt böneliv. När tiden var inne för Guds folk att återvända till Israel, kopplade Daniel ihop med Herren i förbön för att befrielsen skulle bli verklighet. Trots att Daniel var en upptagen man som satt i en framträdande position i regeringen, bevarade han fokuset på det profetiska skeende han levde i. Daniel läste profeten Jeremia och då "*…kom jag, Daniel, att i skrifterna lägga märke till det antal år som enligt Herrens ord till profeten Jeremia skulle fullbordas för Jerusalems ödeläggelse, nämligen sjuttio år.*" (Dan. 9:2). Det var inte enbart Daniels känslighet för Guds profetiska timing som visar hans rena karaktär och hjärta. Än mer visar det sig i den respons han gav till Herren: *"Jag vände då mitt ansikte till Herren Gud med ivrig bön och åkallan och fastade i säck och aska"* (Dan. 9:3). Daniel satt inte bara och väntade på att det profetiska ordet skulle gå i uppfyllelse. Hans hjärta var fyllt av kärlek till Guds folk och hans längtan efter att se Guds vilja fullbordas blev så stark, att han bara måste ge sitt gensvar. Där och då, överlät Daniel sig till bön och fasta för att den profetia som uttalats av profeten Jeremia skulle uppfyllas. Daniel fick så småningom bönesvar och Israels folk återvände till sitt land.

I sin förbön samarbetade han med Gud, för att Hans löften skulle uppfyllas. Daniels rika böneliv hjälpte honom utveckla en nära samstämmighet med Guds hjärta. Därför kunde han känna tider och stunder i den andliga världen och bära på djup insikt i Guds rådslut och planer. Vid ett flertal tillfällen fick han änglabesök som gav honom insikt och uppenbarelse i Guds frälsningsplan. Allt detta började med en enkel överlåtelse till regelbunden bön. Daniels livsöde kan bli en inspiration för oss all att utveckla goda vanor och förbli trogen dessa. Spännande saker sker när vi tar små steg till att utveckla en intim gemenskap med Gud!

KAPITEL 3:
BELÖNINGEN DEN FÖRDOLDA PLATSEN GER

När du ger en gåva, låt inte din vänstra hand veta vad den högra gör. Då ges din gåva i det fördolda, och då ska din Far, som ser i det fördolda, belöna dig (Matt. 6:3-4).

När du ber, gå in i din kammare och stäng din dörr och be till din Far som är i det fördolda. Då ska din Far, som ser i det fördolda, belöna dig (Matt. 6:6).

När du fastar, smörj in ditt huvud och tvätta ditt ansikte så att inte människor ser att du fastar, utan bara din Far som är i det fördolda. Då ska din Far, som ser i det fördolda, belöna dig (Matt. 6:17-18).

I sin Bergspredikan uppmuntrar Jesus till att bygga vår relation med Fadern genom att investera i det fördolda. När jag använder den termen så menar jag vår fördolda gemenskap med Gud. Det är på den fördolda platsen vi lär känna Guds hjärta, och det är där vi lär oss förbli i Hans kärlek. Jesus använder givande, bön och fasta som exempel på hur vi kan investera i vår relation med Fadern. Vår Far ser och belönar dem som lever sitt liv bara inför Honom. Lägg märke till hur Jesus i detta sammanhang hela tiden pekar på Fadern. Jesus längtar efter att vi ska utveckla en djupare överlåtelse till Fadern så att Hans liv kan bli synligt genom oss.

Hjärtats fördolda rum

När Bibeln använder uttrycket *"det fördolda"* så åsyftar den inte ett fysiskt rum, även om en del människor kanske föredrar att ha ett speciellt rum, avskilt för bön och tillbedjan. Det fördolda är ett uttryck för det rum i vårt hjärta där vi möter Gud. Det innebär att vi har med oss den fördolda platsen vart vi än går och att vi kan kommunicera med vår Far var vi än befinner oss. Vi kan vara på jobbet, på resa, eller umgås med familjen och ändå bevara vår kontakt med Faderns hjärta. Vårt fördolda liv med Gud finns i vårt hjärta.

Detta faktum har inneburit en stor välsignelse för mig. En följd av att jag reser så pass mycket, är att jag tillbringar mycket tid på flygplan, tåg och bussar. Mina resor har blivit kvalitetstid med Gud där jag njuter i Hans närvaro. Att befinna sig på ett tåg eller flygplan är ett utmärkt tillfälle att dröja kvar i Guds närvaro och meditera eller be över ett bibelställe. Jag lyssnar också gärna på lovsång eller undervisning. Jag är aldrig ensam längre, eftersom Gud alltid är med mig. Han är den bästa och allra mest trofasta vän som finns. Det är dyrbart för Far när vi väljer att prioritera vår relation med Honom. Gud söker efter tillfällen att belöna oss när vi gör det, eftersom Han är en generös Fader som älskar att ge goda gåvor.

Gud ger generöst tillbaka

Vår Far älskar att belöna oss när vi söker Honom helhjärtat. Han är en glad givare och generositet är ett av hans allra mest tydliga karaktärsdrag. Så här står det i Hebreerbrevet: *"Utan tro är det omöjligt att behaga Gud, för den som kommer till Gud måste tro att han finns och att han lönar dem som söker honom"* (Hebr. 11:6). Ibland har rädslan att hamna i en lagisk relation till Gud hindrat oss att undervisa om de belöningar Gud ger. Om tanken på himmelsk belöning gör dig orolig så beror det på att du inte har förstått hur Guds belöningssystem fungerar.

Vår Far mäter nämligen inte dina ansträngningar för att kolla om du verkligen presterar bra nog för att Han ska belöna dig. Det är inte vad dessa texter handlar om överhuvudtaget. Fadern är så generös att Han försöker finna varje tänkbar möjlighet att belöna och uppmuntra sina barn. Faktum är att Han alltid är villig att belöna oss på grund av Hans egen stora godhet och nåd. Ibland gör fruktan för lagiskhet att vi blir passiva i vår relation till Gud. Eftersom Gud ger villigt åt alla de som söker Honom, utan kritik eller förebråelser, gör passivitet att vi missar många av de gåvor Han vill ge till oss. Vi bör vara medvetna om faran med lagiskhet, men vi behöver också komma ihåg att frihet från religion är en frukt av att lära känna Faderns kärleksfulla och generösa hjärta. Då kan vi vandra i en glädjefylld och frimodig relation med Far, förvissade om att alla Hans välsignelser ges av nåd allena.

Faderns belöningssystem baseras på nåd allena

Detta är poängen med liknelsen om arbetarna i vingården. Jesus berättade denna liknelse för att kasta ljus över Fadern himmelska belöningssystem (Matt. 20:1-16). Ägaren behövde arbetare till att komma och jobba i hans vingården. Därför gav han sig ut för att anställa människor för den uppgiften, vid olika tidpunkter under dagen. Några arbetare jobbade hela dagen medan andra lejdes några timmar senare. En del lejdes vid lunchtid, andra fram emot kvällen. Några av dem jobbade endast en timme av dagen. Den sista gruppen som blev lejda i elfte timmen, var människor som ingen ville anställa. Men vår Far älskar att anställa de som ingen annan vill ha (Matt. 20:6-7). Därför fick de jobba i vingården. Dessa arbetare jobbade olika mycket. Trots detta fick alla samma ersättning för sina respektive insatser. De som hade jobbat hårt hela dagen kände sig självklart orättvist behandlade i detta, och de gick därför till vingårdens ägare för att framföra sin klagan:

De där som kom sist har arbetat en enda timme, och du har jämställt dem med oss som har stått ut med dagens slit och hetta. Han svarade en av dem: Min vän, jag är inte orättvis mot dig. Var du inte överens med mig om en denar? Ta det som är ditt och gå. Men jag vill ge den siste lika mycket som jag gav dig. Får jag inte göra som jag vill med det som är mitt? Eller ser du med onda ögon på att jag är god? Så ska de sista bli de första och de första bli de sista (Matt. 20:12-16).

De blev avundsjuka på grund av deras arbetsgivares generositet. Som så många andra tillfällen då Jesus undervisade, väckte Jesu undervisning reaktioner. Den utmanade alltid själva grunden för all prestationsbaserad religion. Om man har läst denna liknelse ett antal gånger, är det lätt att missa den lite jobbiga poängen.

För om vi vore bland dem som anställdes först så skulle säkert de flesta av oss bli upprörda. Vi skulle inte vilja jobba för en chef som betalade sina anställda, enbart utifrån sin egen generositet. Föreställ dig själv som anställd av en chef som betalade alla sina anställda samma lön, oberoende av om de jobbade heltid, halvtid eller kanske endast några få timmar i veckan. En chef som skötte sitt företag så illa, skulle lida konkurs ganska snart. Men nu är Guds rike inget företag. Det är vår Faders eget hus och Han äger obegränsade tillgångar. Jesus regerar detta rike i ödmjukhet och nåd, vilket innebär att de rikedomar som Han delar ut, alltid ges till oss av nåd allena.

Förvänta en överflödande lön

Det är så inspirerande att veta att vår Far belönar oss när vi gör aktiva val att bygga vår gemenskap med Honom i det fördolda. Han älskar att förse oss med goda gåvor och himmelsk belöning. Eftersom Hans belöningssystem baseras på nåd, kan jag komma frimodigt till Honom och förvänta mig att bönesvaren kommer att överträffa mina högst ställda förväntningar. Det var när Mose hade sin blick riktad på lönen som han fick styrka att utstå de svårigheter det innebar att leda Israels folks uttåg ut ur Egypten. *"Han räknade Kristi vanära som en större rikedom än Egyptens alla skatter, för han hade blicken riktad mot lönen"* (Hebr. 11:26). Att söka belöningen är en helt legitim anledning till att leva ett liv i andlig disciplin. Det är ett tecken på att vi lärt känna Guds hjärta. När jag investerar tid och kraft i att bygga min relation med Fadern, förväntar jag mig bli rikligt belönad, eftersom Han älskar mig så mycket. Han är verkligen alla goda gåvors givare!

Gud ger goda gåvor

Vi inledde detta kapitel med att läsa från Bergspredikan om att leva i det fördolda. Lite längre ner i samma predikan, utvecklar Jesus sin undervisning om att leva där. Han beskriver hur vi får tag på lönen:

Be, och ni ska få. Sök, och ni ska finna. Bulta, och dörren ska öppnas för er. För var och en som ber, han får, och den som söker, han finner, och för den som bultar ska dörren öppnas.… Om nu ni som är onda förstår att ge goda gåvor till era barn, hur mycket mer ska då inte er Far i himlen ge det som är gott till dem som ber honom? (Matt. 7:7-8, 11).

Gud vill att vi skall göra tre saker för att bygga ett dynamiskt liv i det fördolda med Gud. När vi gör det, kommer vi in i en livsstil av himmelsk försörjning. Vi skall:

1. **Be frimodigt** så får vi det vi ber om.
2. **Söka ihärdigt** så skall vi finna det vi söker.
3. **Bulta utan att tröttna** så skall dörrarna öppnas för oss.

Vi har en mycket god Far som ger generösa gåvor till de som ber Honom. Än en gång är det viktigt att betona att Han inte belönar våra prestationer. Vår Far söker hela tiden efter nya anledningar att välsigna oss. Därför uppmuntrar Jesus oss att investera i det fördolda med Gud. Eftersom Gud är god så ger Han alltid bara goda och fullkomliga gåvor i överflöd till sina barn: *"Bedra inte er själva, mina älskade bröder. Allt det goda vi får och varje fullkomlig gåva är från ovan. Det kommer ner från ljusens Far, som inte förändras eller växlar mellan ljus och mörker"* (Jak. 1:16-17).

Guds nåd & Kristi domstol

Det är när vi studerar liknelsen om arbetarna i vingården som vi kan förstå hur Kristi domstol fungerar, och hur Han där kommer belöna våra gärningar. Det kommer att komma en dag då vi alla kommer att stå inför Jesus för att ta emot vår himmelska lön. *"Vi måste alla träda fram inför Kristi domstol, för att var och en ska få igen vad han har gjort här i livet, gott eller ont"* (2 Kor. 5:10). Bibelverser som denna har ibland orsakat mycket ångest och stress, främst på grund och att många inte förstår Nya Förbundet och hur Guds rike fungerar. Vi behöver förstå att Kristi domstol är den nådens tron, dit vi kan komma för att ta emot barmhärtighet och nåd till hjälp i rätt tid. Det himmelska belöningssystemet är baserat på Guds nåd, och Gud ger lön eftersom Han är en god och generös Far. De synder vi gjort och våra personliga misslyckanden har redan försonats och utplånats genom Kristi försoningsverk på korset (1 Joh. 2:1-2). Jesus har redan tagit itu med all vår synd och ondska. Därför kommer våra synder och onda gärningar aldrig att bli dömda och straffade igen. Jesus söker alltid efter nya vägar att belöna oss.

Att ta emot vårt beröm från Gud

Denna tanke uttrycker Paulus här: *"Fäll därför ingen dom i förtid, innan Herren kommer. Han ska kasta ljus över det som är dolt i mörkret och avslöja alla hjärtans avsikter, och då ska var och en få sitt beröm av Gud"* (1 Kor. 4:5). När det dolda i våra liv och våra motiv kommer ut i ljuset är det inte för att vi ska bli fördömda, utskämda eller för att det ska bli uppenbart för alla vilken röra vi ställt till med i livet. När Jesus avslöjar de dolda delarna av våra liv och när våra motiv blir avslöjade, så kommer vi att få vårt beröm av Honom. Det betyder att Jesus kommer att säga till oss: *"Bra, du gode och trogne tjänare! Du var trogen i det lilla, jag ska sätta dig över mycket. Gå in i din herres glädje!"* (Matt. 25:21). Då kommer vi att få vår fulla belöning av vår Frälsare och vän, Jesus Kristus.

Vi får lön för vad Jesus gör genom oss

Nu har vi äntligen kommit till avslöjandet av hur nådefullt och briljant himmelrikets belöningssystem egentligen är. När du står inför Kristi domstol, kommer *du att bli belönad för Jesu Kristi verk genom dig*! Vi får inte lön baserat på våra gärningar, utan baserat på att vi tillåter Jesu Kristi liv flöda genom oss. Kristus i oss är vårt härlighetshopp (Kol. 1:27)! Paulus skriver att vi bör förvissa oss om att vi bygger på rätt grund. Den grunden är Jesus Kristus och Hans verk på korset.

Med den nåd som Gud gett mig har jag som en kunnig byggmästare lagt grunden, och nu bygger en annan vidare på den. Men var och en måste tänka på hur han bygger. Ingen kan lägga en annan grund än den som är lagd, Jesus Kristus. Om någon bygger på den grunden med guld, silver och ädelstenar eller med trä, hö och halm (1 Kor. 3:10-12).

Vi pausar vår läsning av denna text för en kort reflektion. Den enda grund vi kan bygga på är alltså Jesus Kristus själv. Men hur bygger vi då med guld, silver och ädelstenar? Det är inget vi kan åstadkomma i egen kraft, men Jesus kan och Han bor i oss. *"Nu lever inte längre jag, utan Kristus lever i mig. Och det liv jag nu lever i min kropp, det lever jag i tron på Guds Son som har älskat mig och utgett sig för mig"* (Gal. 2:20). När vi förtröstar på Jesus, kommer Han att leva sitt liv genom oss och då produceras guld, silver och ädelstenar. Vi kommer att vandra i Hans karaktär och blir därför mer än övervinnare, genom Honom som älskar oss (Rom. 8:37). Jesus belönar oss för vad Han gör igenom oss! När vi överlåter oss till Jesus och samarbetar med Kristi kärlek som flödar genom oss, kommer Guds rike att bryta fram i vår omgivning.

Nu kan vi fortsätta läsa där vi slutade nyss. Paulus fortsätter där att skriva så här: *"… så ska det visa sig hur var och en har byggt. Den dagen ska visa det, för den uppenbaras i eld och elden ska pröva hur vars och ens verk är. Om det verk som någon har byggt består, ska han få lön"* (1 Kor. 3:13). Det bestående verket är de gärningar som Jesus har gjort genom oss. Det är att bygga med silver, guld och ädla stenar. Vi belönas för det arbete Jesus utför genom oss. Detta är verkligen goda nyheter!

Vilka kommer belönas?

När Jesus lever sitt liv genom oss, kommer det leda till en livsstil som Fadern belönar. Bibeln visar oss hur en sådan livsstil ser ut. Vi har redan konstaterat att det himmelska belöningssystemet vilar på Guds nåd. Fadern belönar oss för att Han är så god och generös gentemot oss. Det är även genom Guds nåd som våra liv förvandlas, så att vi återspeglar Jesus. Det är vad Gud söker efter. Bibeln beskriver hur Gud belönar den som:

- **Investerar i den fördolda platsen.** Jesus gjorde endast det Han såg Fadern göra. När vi låter Jesus leva sitt liv genom oss, kommer vi också leva för att behaga vår Far (Joh. 5:19). Vi har konstaterat att Fadern belönar den som investerar i sin gemenskap med Honom i det fördolda. Fadern ärar alltid de människor som tar sig tid att lära känna Honom på ett djupare sätt. *"Nej, när du ber, gå in i din kammare och stäng din dörr och be till din Far som är i det fördolda. Då ska din Far, som ser i det fördolda, belöna dig"* (Matt. 6:6, se också Matt. 6:3-4, 17-18).

- **Lever i ödmjukhet.** Jesu natur är ödmjukhet och när vi låter Honom ta över och förvandla våra liv, kommer vi att vandra i Hans ödmjukhet (Fil. 2:8-11). Vår Far älskar ett ödmjukt hjärta och Han hedrar alltid de som vandrar i ödmjukhet. Den ödmjuke kommer att bli upphöjd och ta emot en stor belöning av ära, rikedomar och liv. *"Lön för ödmjukhet och vördnad för Herren är rikedom, ära och liv"* (Ordsp. 22:4). *"Ödmjuka er därför under Guds mäktiga*

44

hand, så ska han upphöja er när tiden är inne" (1 Petr. 5:6, se även Jak. 4:10).

- **Tjänar Herren troget och helhjärtat.** Jesus levde alltid för att hedra och ära Fadern. Detta gjorde han troget hela sitt liv (Joh. 17:4). När Jesus får utrymme att leva sitt liv genom oss, kommer vårt fokus vara på att leva i enlighet med Faderns vilja. Han belönar oss inte efter vad vi har åstadkommit eller hur stor vår tjänst eller inflytande är. Han belönar vår trohet till Hans kallelse. Han ser inte till resultatet och skarorna vi samlar, utan till hjärtats trohet mot Honom. Vi bör minnas det, för annars blir vi lätt bli lite missmodiga när vi inte ser den frukt vi skulle önska, eller så hamnar vi i stolthet över den frukt vi producerar. *"Vad ni än gör, gör det av hjärtat, som för Herren och inte för människor"* (Kol. 3:23, se också 1 Kor. 15:58, Matt. 25:21).

- **Övervinner.** Jesus har övervunnit världen och eftersom Han bor i oss, övervinner vi tillsammans med Honom. I Bibeln hittar vi en hel del löften om att bli belönade som övervinnare. Att övervinna är inte något vi gör i egen kraft, men som Guds barn är vi helt enkelt övervinnare (1 Joh. 2:13-14, 5:4-5). Genom att leva i vår identitet som övervinnare kommer vi att övervinna synden, världen och djävulen. Vi råder och regerar med Kristus för evigt. *"Den som segrar ska jag låta sitta hos mig på min tron, liksom jag själv har segrat och sitter hos min Far på hans tron"*. (Upp. 3:21, se även Upp. 2:7, 11, 17, 26, 3:5, 12, 21:7)

- **Övervinner prövningar.** Jesus övervann alla djävulens frestelser. Nu bor Jesus i oss och, Han vill fortsätta att övervinna genom oss om vi tillåter Honom att göra det. Livet är fullt av prövningar. Dessa kommer antingen att forma oss eller bryta ner oss, men när vi förblir i Faderns kärlek får vi kraft att förbli trogna till Honom hela vägen.

Vi kommer att bli rikligt belönade för att vi gör så. *"Salig är den som håller ut i prövningen, för när han har bestått provet ska han få livets krona som Gud har lovat dem som älskar honom"* (Jak. 1:12, se också 2 Kor. 4:17).

- **Övervinner förförelse.** Jesus är sanningen, och när vi förblir i Honom så förblir vi också i sanningen. Det finns en massa förförelse i världen idag och vi kommer ibland konfronteras med många felaktiga läror och idéer. När vi övervinner förförelse genom att förbli i Faderns kärlek och i vår gemenskap med Jesus, blir vi rikligen belönade av Gud. *"Det finns ju många bedragare som har gått ut i världen, de som inte bekänner att Jesus är Kristus som kommit i köttet. Sådan är Bedragaren, Antikrist. Se till att ni inte förlorar det vi har arbetat för utan får full lön"* (2 Joh. 1:7-8).

- **Bygger med Jesus som grund.** Jesus bygger sin segrande församling. Dödsrikets portar kan varken stå emot, eller övervinna den församling Jesus bygger (Matt. 16:17-19). Eftersom Jesus nu bor i oss så bygger Han sin församling genom oss. Vi kommer att belönas i enlighet med hur vi har låtit Jesus har byggt sitt rike genom våra liv, vilket antagligen är mycket mer än vi kan föreställa oss. *"...om någon bygger på den grunden med guld, silver och ädelstenar eller med trä, hö och halm, så ska det visa sig hur var och en har byggt. Den dagen ska visa det, för den uppenbaras i eld och elden ska pröva hur vars och ens verk är* (1 Kor. 3:12-14).

- **Tar emot och hedrar Herrens tjänare.** Jesus bor i oss, men Han betjänar oss också genom sin kropp. Det finns en lön från Jesus själv, när vi ärar och tar emot de tjänare Herren har rest upp och smort till att betjäna oss. När vi gör det, får vi ta emot en del av den smörjelse som finns över deras liv. Ytterst sett betyder detta att vi tar emot från Jesus själv. *"Den som tar emot en profet för att det är en profet ska få en profets lön, och den som tar emot en rättfärdig för att det är en rättfärdig ska få en rättfärdigs lön"* (Matt. 10:41, se även Luk. 10:16).

- **Ärar och tjänar Guds barn.** På samma sätt som Jesus tvättade sina lärjungars fötter, så gör Han det än idag (Joh. 13:5-20). Men nu tvättar Han sina lärjungars fötter genom oss. När vi ärar och tjänar Guds barn, ärar vi och gläder Hans hjärta. Det finns en belöning för dem som älskar och betjänar Guds familj. *"Den som bara ger till en av dessa små en bägare friskt vatten, därför att det är en lärjunge – jag säger er sanningen: Han ska inte gå miste om sin lön"* (Matt. 10:42, se också Mark. 9:41 och Gal. 6:8-10).

- **Offrar något för Jesus.** Jesus offrade allt för att föra oss hem till Fadern. Eftersom Hans liv skall forma vårt så kommer villigheten att offra för att nå människor med Guds kärlek bli vår livsstil. Tidvis kommer vi att tvingas betala ett pris när vi vandrar med Gud. Ibland kommer dessa offer bli både stora och jobbiga. De goda nyheterna är då att dessa offer aldrig blir större än de välsignelser vi får. Jesus har gett löftet att vi redan i detta liv kommer att få en hundrafaldigt igen. *"Ingen lämnar hus eller bröder eller systrar eller mor eller far eller barn eller åkrar för min och för evangeliets skull utan att få hundrafalt igen. Här i världen får de hus, bröder, systrar, mödrar, barn och åkrar, mitt under förföljelser, och sedan i den kommande världen evigt liv"* (Mark. 10:29-30, Matt. 19:21, Luk. 18:29-30).

Denna lista visar på den livsstil Gud belönar. Du lade antagligen märke till att alla dessa egenskaper är en del av Jesu karaktär. När vi låter Jesus leva sitt liv igenom oss blir vår belöning stor. De andliga discipliner vi senare skall ta upp, hjälper oss att vara flexibla och formbara för Kristi verk i oss.

Vad är belöningen?

Vi har i detta kapitel studerat himmelens belöningssystem, och hur Gud belönar oss av nåd allena. Men vad är det för belöningar Han ger oss? Bibeln använder många olika bilder för att beskriva den belöning vi får. Som exempel kan vi nämna *"livets krona"* och *"rättfärdighetens segerkrans"* (Jak. 1:12, Upp. 2:10). Dessa bilder är en beskrivning av vår arvsrätt som Pappas söner och döttrar. Vår Far både kan och vill belöna oss på många sätt, men den ultimata belöningen är att känna Herren och bygga en nära vänskap med Honom.

Gud lovade Abraham: *"Var inte rädd, Abram. Jag är din sköld. Din lön ska bli mycket stor"* (1 Mos. 15:1). Ett liv i djup gemenskap med Far för med sig stor lön, men det är inte det allra viktigaste. Den största belöningen är att se mer av Faderns hjärta. Allt handlar ytterst sett om att lära känna Honom mer. När vi söker Honom så finner vi Honom, vilket i sin tur kommer att sporra oss att söka Honom ännu mer och följaktligen finna Honom igen och igen. Djup kommer alltid att ropa till djup, när vi går djupare in i Hans hjärta där vi får upptäcka nya djup av Hans kärlek (Ps. 42:7-8). Genom att växa i insikt om Hans hjärta så fördjupas vår relation med Honom och vårt hjärta blir format av Hans. Detta är viktigt, eftersom vårt hjärtas fokus avgör vår livsriktning.

Där vår skatt är där kommer vårt hjärta att vara

Vi inledde detta kapitel med att studera hur Jesus uppmuntrar sina efterföljare att investera i den fördolda platsen. Lite senare i samma undervisning förklarar Jesus varför detta är nödvändigt: *"Samla er skatter i himlen, där varken rost eller mal förstör och där inga tjuvar bryter sig in och stjäl. För där din skatt är, där kommer också ditt hjärta att vara"* (Matt. 6:20-21). Jesus uppmanar oss att samla skatter i himlen. När vi följer Hans råd, kommer våra hjärtan att inriktas på Guds rike. Detta innebär att vårt fokus alltmer riktas på vår relation till Fadern. Allt eftersom kommer vi att bygga en livsstil, där våra hjärtan ständigt förblir vända till Faderns hjärta. En följd av detta är att vårt inre liv och våra önskningar alltmer formas i enlighet med Hans. Så levde Jesus sitt liv här på jorden, därför kunde Han göra de gärningar som Han såg sin Fader göra (Joh. 5:19).

Lönen för att bygga sitt liv i det fördolda är att få leva i en relation med Far, som uppenbarar Jesus. Det är med den utgångspunkten som vi ska börja titta närmare på specifika andliga discipliner. Men först måste vi titta närmare på våra motiv. Jesus söker alltid efter vad som finns i våra hjärtan. Han vill inte bara ha våra goda gärningar, utan vill äga hela vårt hjärta. Det är skillnaden mellan ett liv i bundenhet och ett liv i den frihet vi har fått igenom Jesus.

KAPITEL 4:
MOTIVERAD AV KÄRLEK

Det har funnits många religiösa idéer om andlig disciplin och att bygga relationen med Gud. För många troende har goda vanor, vars syfte är att stärka relationen med Far förväxlats med religiös prestation. Det är viktigt att inse att andliga discipliner aldrig har handlat om att förtjäna välsignelser eller godkännande av Gud. Det har vi redan fått.

Se vilken kärlek Fadern har skänkt oss: att vi får kallas Guds barn! Och det är vi också. Världen känner oss inte, eftersom den inte har lärt känna honom. Mina älskade, nu är vi Guds barn, och än är det inte uppenbarat vad vi ska bli. Men vi vet att när han uppenbaras ska vi bli lika honom, för då får vi se honom sådan han är (1 Joh. 3:1-2).

Vi är villkorslöst älskade av vår himmelske Far och Han är alltid helt nöjd med oss. Den uppenbarelsen är grunden som allt i våra kristna liv vilar på.

Fyra viktiga sanningar att minnas

När vi förblir i Faderns kärlek förvandlas vårt hjärta, och som en följd av detta kommer också vår livsstil att förändras. Det händer när vi får en djupare uppenbarelse av Jesus och Hans härlighet. Frukten av att se Jesus som Han verkligen är, kommer alltid vara en växande längtan efter renhet i våra hjärtan: *"… än är det inte uppenbarat vad vi ska bli. Men vi vet att när han uppenbaras ska vi bli lika honom, för då får vi se honom sådan han är. Och var och en som har det hoppet till honom renar sig, liksom han är ren"* (1 Joh. 3:2-3). Notera att all förvandling baseras på en uppenbarelse av Jesus Kristus. Andliga övningar är vägar till att leva ut det vi ser i Guds hjärta, så att Kristus kan formas och bli synlig i våra liv.

För att förstå nyttan med andliga discipliner, behöver vi få med oss fyra viktiga sanningar:

1. **Andliga discipliner förändrar inte Gud.**
   Vi praktiserar inte andliga discipliner för att förändra Gud, eller för att Han skall ge oss ännu fler välsignelser. *"Jesus Kristus är densamme i går och i dag och i evighet"* (Hebr. 13:8), och vår Far har redan välsignat oss med all andlig välsignelse i den himmelska världen, i Kristus (Ef. 1:3). Vi har redan tagit emot vårt arv som medarvingar till Jesus Kristus (Rom. 8:7). Vi är Hans barn och Guds rike tillhör oss. Andliga övningar kan inte tillföra något till vårt arv i Kristus. Inte heller får våra goda gärningar Gud att älska oss mer. Han älskar oss redan fullkomligt och Hans kärlek är både evig och oföränderlig.

2. **Andliga discipliner förändrar inte vår identitet.**
   En annan viktig sanning är att vår identitet som söner och döttrar inte förändras till det bättre om vi praktiserar andliga discipliner. Inte heller minskar vårt värde i Guds ögon om vi misslyckas i vår överlåtelse till Honom. Vår identitet är tryggad i Kristus. Jesus försåg oss med en ny identitet genom sitt försoningsverk på korset. Vi gjorde inget för att förtjäna vår identitet, och vi kan därför inte göra något för att tappa den. Vår identitet är alltid stabil och trygg eftersom vi är i Kristus. Vi förblir alltid Guds älskade barn, oberoende av vad som händer oss i livet.

3. **Andliga discipliner förändrar oss.**
   De som verkligen förvandlas genom att tillämpa andliga discipliner är du och jag. Vi blir känsligare inför Gud när vi fokuserar på Honom och då ökar vår andliga hunger. Då kan vi leva i en fräsch smörjelse och vi får nåd att fritt leva ut de välsignelser vi har tagit emot i Kristus. Genom

goda vanor ger vi den helige Ande utrymme att arbeta
på vår förvandling.

4. **Andliga discipliner hjälper oss leva i enlighet med vår
identitet i Kristus.** Andliga discipliner kan hjälpa oss att
leva ut vår identitet som söner och döttrar till Gud. Vårt
värde inför Gud kommer vare sig att öka eller minska,
baserat på vårt uppträdande. Men de val vi gör kommer
att spela en viktig roll för hur vi kan leva ut vår identitet
i Kristus. Av den anledningen har goda vanor en viktig
funktion i vårt liv. De blir redskap som den helige Ande
använder för att föra oss till andlig mognad.

Dåliga motiv & andliga övningar

När Jesus undervisar, fokuserar Han alltid på hjärtats innersta
motiv. Jesu ord avslöjar våra felaktiga drivkrafter så att vi kan ge
dem till Honom och växa i kärlek. Hans undervisning om andlig
disciplin är en perfekt illustration av detta. Vi finner exempel på
detta i Bergspredikan. Dessa exempel är redan kända för oss.
Vi läste dem i förra kapitlet. Vi ska nu titta på de avsnitten igen,
men denna gång från en lite annan synvinkel: *"Akta er för att göra
era goda gärningar inför människor, för att bli sedda av dem. Då får ni
ingen lön hos er Far i himlen"* (Matt. 6:1). Vi uppmanas att inte göra
gärningar för att visa människor hur andliga vi är. I det stora hela
ska livet i det fördolda vara mellan oss och Gud. Vår Far vill ha
ödmjuka barn, inte andliga skådespelare eller religiösa artister.
*"När du ger en gåva ska du inte basunera ut det, så som hycklarna gör
i synagogorna och på gatorna för att bli ärade av människor. Jag säger
er sanningen: De har fått ut sin lön"* (Matt. 6:2).

Det fördolda är inte poängen – det är våra motiv

Poängen är inte att hålla vårt fördolda liv hemligt bara för sakens skull. Tidigt i mitt kristna liv var detta en religiös tankebyggnad för mig. När jag läste Jesu uppmaning till givande i det fördolda, tänkte jag att om någon fick veta vad jag gav till Gud, så skulle jag gå miste om lönen. Jag tänkte likadant angående mitt böneliv och min fasta. Jag trodde att om någon fick veta hur mitt böneliv såg ut, eller om jag berättade för någon att jag fastade, skulle alla bönesvar utebli och min fasta skulle vara förgäves. Men detta är inte poängen med Jesu undervisning. Han varnar oss för att göra saker för att imponera på människor med vår andlighet. Han vill att vårt motiv skall vara att växa i gemenskap med Fadern.

Om någon frågar dig om ditt böneliv, är du självklart fri till att dela dina erfarenheter av bön och hur ditt böneliv ser ut. Att du gör det kan ofta inspirera andra troende att ta nya steg i sin relation med Gud. Ibland måste vi dela med oss av personliga erfarenheter från vår vandring med Gud, både när vi undervisar och ger personlig vägledning. Det är ju det som är mitt syfte med att skriva den här boken.

Jesus är ute efter våra motiv. Han vill att vi bygger goda vanor och andliga discipliner såsom givande, bön och fasta utifrån vår längtan att lära känna Herren och att växa i kärlek till både Gud och människor. *"Och när ni ber ska ni inte vara som hycklarna, som älskar att stå och be i synagogorna och i gathörnen för att synas inför människor. Jag säger er sanningen: De har fått ut sin lön"* (Matt. 6:5).

Att försöka skaffa sig extra favör hos Fadern

Jesus varnar också för att utveckla andlig disciplin för att försöka skaffa sig extra favör hos Fadern. Det motivet är lika tokigt som att vilja imponera på människor. Jesus tog itu med detta när Han talade till en grupp självrättfärdiga religiösa ledare. Han gjorde det genom att berätta liknelsen om farisén och tullindrivaren:

Två personer gick upp till templet för att be. Den ene var farisé och den andre tullindrivare. Farisén stod och bad för sig själv: Gud, jag tackar dig för att jag inte är som andra människor: roffare, brottslingar, äktenskapsbrytare eller som den där tullindrivaren. Jag fastar två gånger i veckan, jag ger tionde av allt jag får in… (Luk. 18:10-12).

Farisén använde sina goda gärningar för att hävda sin andliga identitet och tjäna poäng hos Fadern. Om detta blir vår drivkraft så kommer vår andliga disciplin att korrumpera oss och föra oss in under betryck av religiösa andemakter. Då vandrar vi i andligt högmod. Ordspråksboken varnar oss för hur stolthet alltid leder till fall: *"Stolthet går före undergång och högmod går före fall. Bättre vara ödmjuk bland de ringa än dela byte med de stolta"* (Ords. 16:18). Farisén i denna liknelse hade förlorat kontakten med Guds hjärta och han saknade all andlig urskiljning. Stolthet gör våra hjärtan okänsliga för Gud och grumlar vår andliga klarsyn.

Vikten av ett ödmjukt hjärta

I denna liknelse berättar Jesus också om tullindrivaren. Han blir här en kontrast till den självrättfärdige farisén. Den här mannen ödmjukade sig inför Gud och det öppnade vägen för honom in i ett liv med Gud som gav andlig klarsyn. *"Men tullindrivaren stod långt borta och vågade inte ens lyfta blicken mot himlen, utan slog sig mot bröstet och bad: Gud, förlåt en syndare som mig!"* (Luk. 18:13).
I sitt jobb som tullindrivare hade denne man blivit anställd av Rom som vid detta tillfälle ockuperade Israel. Det ansågs som ett stort svek, både mot Guds folk och den judiska religionen att jobba för Rom. Dessutom var det vanligt att tullindrivarna tog ut mycket mer i avgift än vad de skulle. Dessa pengar stoppade de i egen ficka. Allt detta gjorde att tullindrivare var avskydda i Israel. Trots allt detta, och även fast han förmodligen också hade

levt ett mindre religiöst liv än farisén, gick han ändå hem förlåten och fri, tack vare att han ödmjukade sig för Gud. Ödmjukhet är poängen i vårt liv med Jesus. *"Jag säger er: Han gick hem rättfärdig, inte den andre. Var och en som upphöjer sig ska bli förödmjukad, men den som ödmjukar sig ska bli upphöjd"* (Luk. 18:14). Ödmjukhet är mycket viktigare än våra goda vanor. Stolthet går alltid före fall, men ödmjukhet leder till upphöjelse.

Att ha ett ödmjukt hjärta är mera värt än all världens religiösa gärningar, eftersom *"...Gud står emot de högmodiga men ger nåd åt de ödmjuka"* (Jak. 4:6). Ödmjukhet är nyckeln som öppnar dörren till en djupare gemenskap med Jesus. Det är bra att ha kunskap om Gud och att leva i andlig disciplin, men ödmjukhet är själva grunden för andlig tillväxt. Vi blir aldrig experter på att leva med Gud. Andlig tillväxt innebär alltid att "växa nedåt" – att bli som barn. Att växa nedåt betyder att förlora prestigen och tron på den egna kompetensen i det som gäller Guds rike. Vi måste komma ihåg att vi bara är små pojkar och flickor med en stor Far, och att vi är fullständigt beroende av Honom i allt. *"Om någon tycker sig ha kunskap om något, så har han ännu inte den kunskap han borde ha. Men om någon älskar Gud är han känd av honom."* (1 Kor. 8:2-3).

Paulus exempel

Paulus betonar i Galaterbrevet tomheten och fåfängligheten i att försöka tjäna Gud utifrån felaktiga motiv. Han skriver: *"Jag har genom lagen dött bort från lagen för att leva för Gud"* (Gal. 2:19-20). Vi kommer aldrig att kunna imponera på Gud genom våra egna gärningar, oavsett hur vi än försöker. Detta var anledningen till att lagen gavs till oss, nämligen för att visa hur omöjligt det är att leva upp till Guds standard. Endast Jesus kan leva ett rättfärdigt liv och Han vill göra det genom oss just nu. *"Jag är korsfäst med Kristus, och nu lever inte längre jag, utan Kristus lever i mig. Och det liv jag nu lever i min kropp, det lever jag i tron på Guds Son som har älskat mig och utgett sig för mig"* (Gal. 2:20-21). När vi ger upp det hopplösa projektet att behaga Gud och låter Jesus ta över, blir vi lösta från behovet att imponera på Gud och människor. Då kan vi tjäna i Guds rike utifrån kärlek och ett rent hjärta. Att bli löst från strävan med att bevara sitt eget rykte och behovet av att göra andlig karriär är mycket befriande. Den friheten ingår i vår frihet i Kristus. Vår himmelske Fader älskar oss och Han ger oss all den bekräftelse, kärlek och uppmärksamhet vi behöver!

Resten av boken kommer vi att ägna åt att lära oss mer om olika andliga övningar. Det är viktigt när vi gör det, att du tar med dig de sanningar som lyfts i detta kapitel. Låt oss försäkra oss om att vi har kärleken till Far som vår innersta drivkraft när vi bygger upp våra liv i det fördolda.

Del Två:

Andliga övningar –
I samverkan med Kristi kärlek

I denna den del av boken, kommer vi att studera några andliga discipliner som kan hjälpa oss att samarbeta med Kristi kärlek. Dessa andliga discipliner hjälper oss att gensvara till Faderns hjärta, och bejaka vår längtan att lära känna Honom på ett ännu djupare sätt. Dessa andliga övningar är vägar att samarbeta med Jesus Kristus så att Hans liv kan formas inom oss. För mig har de varit till stor välsignelse och källor till mycket glädje. Jag hoppas att du ska bli uppmuntrad och inspirerad till att samarbeta med Kristi kärlek, genom att läsa de kapitel som ligger framför.

KAPITEL 5:
ATT MÖTA JESUS I SKRIFTEN

I detta kapitel kommer vi att titta närmare på hur vi kan gensvara till Faderns kärlek genom att möta Jesus i Skriften. I nästa kapitel kommer vi att studera vårt hjärta och dess relation till Guds Ord. Men här ska vi se hur Bibeln uppenbarar och förmedlar Kristi liv till oss. Bibeln är ju ingen vanlig bok. Den är utandad av Gud och förmedlar liv. *"Hela Skriften är utandad av Gud och nyttig till undervisning, tillrättavisning, upprättelse och fostran i rättfärdighet, så att gudsmänniskan blir fullt färdig, väl rustad för varje god gärning"* (2 Tim. 3:15-17).

Bibeln är en övernaturlig bok. Den är mycket mer än enbart en samling berättelser om människors upplevelser med Gud. Den är också betydligt viktigare än all den undervisning som våra pionjärer och troshjältar någonsin givit oss. Den är inte heller en samling teologiska doktriner eller trosbekännelser. All tradition och kyrkohistoria är halm, hö och strå i jämförelse med det guld vi finner i Skriften. Bibeln är Guds Ord. Den är utandad av Gud och fylld av Hans eget och liv. För att vi ska växa i vår relation med Gud är det ytterst viktigt att vi förblir rotade och grundade i Guds Ord.

När vi läser och förblir i Jesu Kristi ord kommer vi att finna sann frihet i Gud. Jesus sade: *"Om ni förblir i mitt ord är ni verkligen mina lärjungar. Ni ska lära känna sanningen, och sanningen ska göra er fria"* (Joh. 8.31-32). Att förbli i Guds Ord är enda vägen till sann frihet. Ordet leder oss alltid in i ett möte med Kristus som befriar oss, vilket Jesus också säger en stund senare: *"Om nu Sonen gör er fria blir ni verkligen fria"* (Joh. 8:36). När vi läser Bibeln tillsammans med den helige Ande, är det Jesu Kristi egna ord till oss vi läser. När vi gör det kommer vi att få livsviktig kunskap i olika andliga frågor. Det är verkligen en stor välsignelse, men vi behöver också vara medvetna om att något ännu viktigare och djupgående sker när vi kommer i kontakt med Guds Ord. Huvudsyftet med att läsa Bibeln är att Jesu ord förmedlar Hans eget liv och närvaro till oss. Jesus sade: *"Det är Anden som ger liv, köttet hjälper inte. De ord som jag har talat till er är Ande och liv"* (John 6:63). När vi läser Bibeln i gemenskap med den helige Ande så får vi ett personligt möte med Jesus själv.

Bibeln visar på Jesus

Skrifterna förmedlar ande och liv, för de vittnar om Jesus Kristus. Jesus är vårt liv och när vi läser och begrundar Ordet så blir vi delaktiga av Jesus liv och personlighet. Jesus sa till fariséerna och de skriftlärda: *"Ni forskar i Skrifterna, för ni tror att ni har evigt liv i dem. Det är just de som vittnar om mig, men ni vill inte komma till mig för att få liv"* (John 5:39-40). Vi skall alltid läsa Bibeln i gemenskap med den helige Ande, och be Honom förmedla uppenbarelse och insikt genom att visa oss på Jesus i Ordet. Bibelns syfte är att peka på Jesus och leda oss djupare in i en levande relation med Far. Målet med att studera Bibeln är att känna Faderns hjärta och att växa i vår gemenskap med Honom.

Detta var anledningen till att de skriftlärda och fariséerna inte kunde se vem Jesus var. De hade mycket biblisk kunskap, men de saknade den uppenbarelse som endast blir tillgänglig när den helige Ande skänker ljus över Ordet. Fariséernas mål var att lära känna Skrifterna, men de kände inte Guds hjärta. Eftersom de hade kunskapen utan personlig relation med Jesus var de andligt blinda. Varje vers i Bibeln har med sig en inbjudan att få tag på den andliga verkligheten som finns i just de orden. Vi kan bli bedragna genom att förlita oss på andliga erfarenheter. Men om inte vår läsning av Ordet leder till en närmare relation med Jesus och förmedlar erfarenhet av de välsignelser vi läser om så är vi redan bedragna. Vi behöver känna både Skriften och Guds kraft för att kunna gå vidare i Anden.

Att känna Skrifterna och Guds kraft

Vid ett flertal tillfällen under Jesu tid här på jorden, försökte de religiösa ledarna snärja och överlista Jesus i teologiska debatter. Vid ett av dessa tillfällen, utmanade sadducéerna Jesus angående hans tro på uppståndelsen från de döda. I sitt briljanta svar till dem, lyfter Jesus fram en huvudpunkt i att förstå Bibeln: *"Ni tar fel, för ni förstår varken Skriften eller Guds makt"* (Matt. 22:29). Jesus konstaterade att de religiösa tog miste, eftersom de varken kände Guds Ord och inte heller vandrade i Guds kraft. Vår himmelske Far vill att vi ska känna till och leva både i Guds kraft, och ha god kunskap i Guds Ord. Varje gång vi tar till oss ett löfte i Bibeln eller ser nya sanningar där, så åtföljs uppenbarelsen alltid av en inbjudan att ta del av den andliga realiteten bakom detta löfte. Vi ska aldrig nöja oss med att endast se nya ting i Ordet, eller att rent allmänt ha en bra förståelse av Bibeln. Guds Ord har endast nått dess avsedda effekt i våra hjärtan när vi lever i de realiteter som Ordet pekar ut för oss. De goda nyheterna är att Guds Ord inte kommer att återvända fåfängt, utan att först ha verkat det som det sändes ut till.

Guds Ord kommer inte att återvända fåfängt

Eftersom Jesus är full av nåd och sanning och alltid talar Faderns vilja så kan Han aldrig tala tomma och kraftlösa ord. Hans Ord kommer alltid vara fyllda av Hans eget liv och substans som det står skrivet hos profeten Jesaja: *"Så ska det vara med ordet som går ut från min mun. Det ska inte komma tillbaka till mig förgäves utan att ha gjort vad jag vill och utfört vad jag sänt det till"* (Jes. 55:10-11). Vi kan lita på kraften i Guds Ord. Det kommer aldrig återvända förgäves för Guds Ord är verksamt och kraftfullt. Det fullbordar alltid det som Gud har avsett att det ska åstadkomma. Det är uppmuntrande att komma ihåg det när vi läser Bibeln, eller när vi tar del av Ordet genom digitala hjälpmedel. När vi tar tid att läsa Guds Ord, blir Ordet verksamt i oss. På så sätt förmedlar det liv och uppenbarelse från Jesus.

Jag har insett att trots att jag ibland känner mig oinspirerad när jag läser Bibeln så sker alltid något. Jag tar inte alltid emot stora uppenbarelser när jag öppnar min Bibel, men jag vet säkert att Guds Ord inte återvänder förgäves. Det händer alltid något när jag läser Bibeln, eftersom den ju inte är en vanlig bok. Guds Ord är levande och kraftfullt och det förmedlar liv varje gång vi läser det. Det fortsätter att verka i oss under resten av dagen, men även på natten medan vi sover. Ordet verkar i våra hjärtan tills det har åstadkommit allt vad Fadern har avsett.

Att läsa Bibeln tillsammans med den helige Ande

Nya Testamentet skrevs av människor som både levde i en djup gemenskap med Fadern, och hade blivit rotade och grundade i Kristi kärlek. Om vi vill förstå Guds Ord, förutsätter det därför att vi lever i en nära relation med Jesus som personifierar Ordet. Ordet öppnar sig när vi läser det i gemenskap med den helige Ande. Faktum är att det är endast då som Skriften förmedlar liv till oss. Den helige Andes uppgift är att upplysa våra hjärtan så att vi kan se klart. Det kan vi se i följande bön av Paulus:

Jag ber att vår Herre Jesu Kristi Gud, härlighetens Far, ska ge er vishetens och uppenbarelsens Ande så att ni får en rätt kunskap om honom. Jag ber att era hjärtans ögon ska få ljus så att ni förstår vilket hopp han har kallat er till, hur rikt och härligt hans arv är bland de heliga och hur oerhört stor hans makt är i oss som tror, därför att hans väldiga kraft har varit verksam (Ef. 1:17-19).

När vi läser Bibeln och samtidigt får uppenbarelse genom den helige Ande, händer tre viktiga ting:

- Vi får en klar uppenbarelse av Jesus och vad Han har fullbordat på korset
- Vi får en djupare insikt i hoppet om vår kallelse och vårt arv som söner och döttrar
- När vi läser Bibeln tillsammans med den helige Ande, läser Ordet oss och uppenbarar vad vi har i våra hjärtan.

Guds Ord tränger in i våra hjärtan

Mina erfarenheter av att läsa Bibeln är att medan jag läser så blir jag själv avläst och avslöjad. Gud Ord tränger in i mitt hjärta och uppenbarar mina motiv. Detta hjälper mig leva ett transparent och mer ärligt liv med Gud. I Hebréerbrevet, kan vi läsa följande: *"Guds ord är levande och verksamt. Det är skarpare än något tveeggat svärd och genomtränger tills det skiljer själ och ande, led och märg, och det dömer över hjärtats uppsåt och tankar"* (Hebr. 4:12-13). Guds Ord är så genomträngande och skarpt att det tränger igenom hela vår varelse, och skiljer själ från ande. Det avslöjar hjärtats motiv och har makt att förvandlar våra liv, när vi tar emot det i ödmjukhet. Jakob skriver: *"Lägg därför bort all orenhet och all ondska och ta ödmjukt emot ordet, som är inplanterat i er och har makt att frälsa era själar"* (Jak. 1:21). När vi tar emot Guds Ord med ett öppet och ödmjukt hjärta, så förnyas och förvandlas vår själ så att Jesus kan bli ännu mer synlig genom oss.

Att vandra i enlighet med vad vi ser

Att ta emot Guds Ord i ödmjukhet innebär att vi inrättar våra liv efter det vi ser. Vi uppmanas aldrig att vandra i Ordet, utan att vandra i anden. Däremot är vi kallade att vandra i enlighet med Guds Ord. Detta gör vi genom att inordna våra liv efter vad den helige Ande uppenbarar för oss där. Det är då som kraften i Guds Ord förlöses genom våra liv: *"Om någon är ordets hörare men inte dess görare liknar han en man som ser sitt ansikte i en spegel. När han har sett sig själv och gått sin väg glömmer han genast hur han såg ut"* (Jak. 1:23-24). Bibeln är vår spegel som uppenbarar Jesus för oss. Han är Guds originalbild av människan. När vi ser Jesus i Ordet, ser vi därför också oss själva. Vår sanna identitet har nu blivit uppenbarad igenom Jesus.

Att vandra enligt vad vi ser i Guds Ord innebär att leva utifrån vår identitet som Guds söner och döttrar i Kristus. I Ordet ser vi våra sanna jag, men om vi inte vandrar i enlighet med vad vi ser så glömmer vi vilka vi är. Då kommer vi att leva utifrån vår fallna identitet och gå miste om de välsignelser vi har i Kristus. När vi skådar in i Guds Ords spegel och vandrar i enlighet med det vi ser där, blir Ordet en frihetens lag som leder oss in i Faderns närhet. *"Den som däremot blickar in i frihetens fullkomliga lag och blir kvar i den, inte som en glömsk hörare utan som en verklig görare, han blir salig i det han gör"* (Jak. 1:25).

En falsk motsättning

I vissa delar av Kristi kropp har det blivit ganska vanligt att påstå att Bibeln inte är Guds ord, men att Jesus är det. Detta kan låta som ett mycket Kristus-centrerat påstående, men det är en falsk motsättning. Det är naturligtvis helt riktigt att Jesus är Guds Ord. Aposteln Johannes fastslår detta tydligt och klart när han inleder sitt evangelium: *"I begynnelsen var Ordet, och Ordet var hos Gud, och Ordet var Gud"* (Joh. 1:1). Jesus är Guds eviga Ord. Men när Jesus talar om Gamla testamentet och hur de religiösa ledarna läser det genom sina traditioner, säger Han att *"... ni upphäver Guds ord genom era stadgar som ni för vidare. Och ni gör många andra liknande saker* (Mark. 7:13). Jesus benämner Gamla testamentet som Guds Ord. I samma kapitel kallar Han Mose lag *"Guds bud"* (Mark. 7:9-12). Vi har redan sett hur Paulus fastslår att Skriften är inspirerad av Gud (2 Tim. 3:16-17). Jesus uppmuntrar oss att förbli i Hans Ord, såsom det har blivit återgivet i evangelierna.

Petrus konstaterar i sitt brev att Paulus brev är inspirerade av Gud på samma sätt som Gamla testamentets skrifter:

...så har också vår älskade broder Paulus skrivit till er efter den vishet som han har fått, och så gör han i alla sina brev när han talar om detta. I hans brev finns en del som är svårt att förstå och som okunniga och ostadiga människor förvränger till sitt eget fördärv, något som också sker med de övriga Skrifterna (2 Petr. 3:15-16).

Petrus jämställer alltså Paulus brev med Gamla testamentet, och Jesus beskriver Gamla testamentet som Guds Ord. Vi kan alltså konstatera att både Jesus och Bibeln är Guds Ord. Som vi redan sett, vittnar Gamla testamentet om Jesus och leder oss in i en djupare relation med Honom. När vi läser Bibeln ledda av den helige Ande, är det författaren själv som förklarar sina egna Ord för oss.

Olika bilder av Guds Ord i Skriften

Guds Ord verkar i den troendes liv och i Bibeln har Gud har gett oss ett antal profetiska bilder som förklarar vad Ordet är, och vad det åstadkommer i våra liv. Jag blir alltid lika inspirerad av att reflektera och be utifrån dessa bilder, eftersom de uppenbarar kraften i Guds Ord. Kraften i Guds Ord förvandlar, befriar och upprättar oss på djupet. Vi ska avsluta detta kapitel genom en lista med några av dessa bilder. Guds Ord beskrivs som:

a. **Ett tveeggat svärd:** *"Guds ord är levande och verksamt. Det är skarpare än något tveeggat svärd och genomtränger tills det skiljer själ och ande, led och märg, och det dömer över hjärtats uppsåt och tankar"* (Hebr. 4:12-13).

b. **En eld och en slägga:** *"Är inte mitt ord som en eld, säger Herren, och som en slägga som krossar klippan"* (Jer. 23:9)?

c.   **Regn och dagg:** *"Lyssna, ni himlar, jag vill tala! Hör, du jord, min muns ord! Som regnet ska min lära droppa, som daggen ska mitt tal flöda, som rikligt regn på grönska, som regnskurar på gräs"* (5 Mos. 32:1-2).

d.   **En lykta och ett ljus:** *"Ditt ord är mina fötters lykta och ett ljus på min stig"* (Ps. 119:105).

e.   **Bröd:** *"Det står skrivet: Människan lever inte bara av bröd, utan av varje ord som utgår från Guds mun"* (Matt. 4:4).

f.   **Mjölk:** *"Lägg därför bort all slags ondska, falskhet, hyckleri, avund och förtal. Längta som nyfödda barn efter den rena andliga mjölken så att ni genom den växer upp till frälsning, när ni nu har smakat att Herren är god"* (1 Petr. 1:25-2:3).

g.   **Vatten:** *"…så som Kristus har älskat församlingen och offrat sig för den. Han gjorde det för att helga den, sedan han renat den med vattnets bad i kraft av ordet"* (Ef. 5:25-26).

h.   **Säd:** *"Ni är ju födda på nytt, inte av en förgänglig säd utan av en oförgänglig, genom Guds levande ord som består"* (1 Petr. 1:23).

i.   **En spegel:** *"Om någon är ordets hörare men inte dess görare liknar han en man som ser sitt ansikte i en spegel. När han har sett sig själv och gått sin väg glömmer han genast hur han såg ut. Den som däremot blickar in i frihetens fullkomliga lag och blir kvar i den, inte som en glömsk hörare utan som en verklig görare, han blir salig i det han gör"* (Jak. 1:23-25).

Det finns mycket uppmuntran i att be och meditera över dessa beskrivningar av Ordet. De hjälper oss förstå att Guds Ord är levande och verksamt. Ordet kommer aldrig att vända tillbaka kraftlöst. Därför är Guds Ord så fascinerande och spännande!

KAPITEL 6:
GUDS ORD OCH VÅRT HJÄRTA

I förra kapitlet tog vi upp hur vi kan möta Jesus genom Skriften, och hur Guds Ord förvandlar oss genom att förmedla Jesu liv. Nu skall vi studera kraften i att ta emot Guds Ord i ett öppet och väl förberett hjärta. När Jesus talar om Ordets kraft att förvandla så lyfter Han fram vårt hjärtas tillstånd och gensvar som det allra viktigaste. Vårt hjärta var alltid helt centralt i allt det Jesus lärde. För ett djupare studium gällande hjärtats betydelse, hänvisar jag till min tidigare bok *Förbli i Faderns kärlek*.

Hjärtats Tillstånd & Guds Ord

En av Jesu liknelser ger nyckeln till hur vi ska gensvara på Guds Ord. Denna liknelse handlar om en såningsman som sår sin säd i olika slags jordmån. Alla tre synoptiska evangelier återger den liknelsen, vilket understryker dess betydelse (Matt. 13:3-9, 18-23, Mark. 4:1-20, Luk. 8:4-15). Jesus ifrågasätter om vi alls kan förstå Hans övriga liknelser om inte denna liknelse har landat i våra hjärtan (Mark. 4:13). Den är en nyckel till att förstå resten av Hans undervisning.

Jesus berättar denna liknelse för att visa hur Guds rike verkar i oss. Han förklarar att Guds rike kan liknas vid en såningsman som går ut för att så sin säd. Säden faller på olika jordmån, vilket avgör om säden kommer att slå rot och växa, eller inte. När Jesus förklarar betydelsen av liknelsen, liknar han utsädet vid Guds Ord. Han förklarar vidare att de olika åkerjordarna representerar olika slags hjärtan. Vårt hjärtas tillstånd avgör om Ordet ska växa eller inte. Jesus nämner fyra olika slags hjärtan i sin liknelse:

- **Ett hjärta som saknar uppenbarelse.** Den första typen av hjärta, är det som saknar insikt. Det handlar här inte om kunskap, utan om den insikt som kommer ur en ärlig längtan att lära känna Gud. Jesus säger: *"Såningsmannen sår ordet. De vid vägen är de hos vilka ordet sås, men när de hör det kommer genast Satan och tar bort ordet som är sått i dem"* (Mark. 4:14-15). Utan uppenbarelse från den helige Ande kan inte Guds Ord bära frukt. För att Guds Ord ska växa i våra hjärtan, måste vi ha en längtan att lära känna Jesus mer. Om inte den finns, kommer Satan stjäla Ordet och vi kommer att missa dess verkliga mening. Detta var vad som hände med de religiösa ledarna och fariséerna. De hade kunskap, men ingen sann insikt. De ville inte komma till Jesus för få liv. Kom ihåg att Bibeln gavs för att leda oss in i en djupare relation med Jesus. Det är bara i gemenskap med Honom som uppenbarelse kan växa.

- **Ett ytligt hjärta.** Det ytliga hjärtat tar först emot Ordet med glädje. Men eftersom det saknas djup i den troendes relation med Fadern så blir Ordet utan frukt. När det blir ett pris att betala eller det kommer andliga attacker emot Ordets sanning så ger en troende utan rötter upp. Jesus beskriver den processen på följande sätt: *"De som sås på stenig mark är de som genast tar emot ordet med glädje när de hör det, men de har ingen rot inom sig utan tror bara för en tid. När de sedan möter lidande eller förföljelse för ordets skull så kommer de genast på fall"* (Mark. 4:16-17). Andlig tillväxt handlar inte om tillfällig glädje över Ordet. Det väsentliga är hur djupt Ordets rötter har fått tränga ner i våra hjärtan. Ordet måste genomsyra hela vårt inre liv. Annars ger vi upp när det blir fråga om ett pris att betala för evangeliet. Då går den välsignelse och smörjelse som Ordet ger förlorad och den troende blir utan frukt.

- **Ett hjärta som snärjts av världens omsorger.**
  Här handlar det om troende som har förlorat sin första
  kärlek till Jesus och i stället bundits av världens lockelser
  och begär. Jesus säger: *"Hos andra sås säden bland tistlar.
  Det är de som hör ordet, men världsliga bekymmer, bedräglig
  rikedom och begär efter annat kommer in och kväver ordet så
  att det blir utan frukt"* (Mark 4:18-19). Om våra hjärtan blir
  bedragna av det ytligt goda som världen har att erbjuda
  och bedräglig rikedom, finns det begränsat utrymme för
  Guds Ord att växa. De löften och uppenbarelser som sås
  in i denna typ av hjärta, kommer att förkvävas och Ordet
  blir utan frukt.

- **Ett hjärta som är god jordmån.** Här handlar det om en
  troende som har blivit märkt av Gud och ännu lever i
  den första kärleken till Jesus Kristus. En sådan person
  bär på ett ödmjukt hjärta. En sådan troende hör Ordet,
  tar emot det och låter sitt liv formas av Ordet. Jesus ger
  ett underbart löfte till den vars hjärta är god jordmån för
  Guds Ord: *"de hos vilka säden faller i god jord, det är de som
  hör ordet och tar emot det och bär frukt, trettiofalt och
  sextiofalt och hundrafalt"* (Mark 4:20). Eftersom ditt hjärta
  förmodligen är god jordmån, kommer Ordet bära frukt i
  det. Du kommer att se mycket frukt av Ordet!

Vi behöver inte kämpa för att skapa tillväxt i vårt liv, eftersom
Guds Ord är levande och kraftigt. Ordet kommer alltid ge stor
skörd och en riklig frukt. Vår del är att förbli i Faderns kärlek och
alltid längta efter en djupare uppenbarelse av Jesus Kristus. Då
kommer Ordet växa i våra hjärtan utan vår ansträngning. Vi blir
då delaktiga av Jesu eget liv så att upprättelse och förvandling
kan äga rum genom Ordets kraft.

Tillväxtprocessen

Alla som sått säd eller frön i jorden, vet att plantan eller trädet inte växer upp över en natt. Det tar alltid tid för Ordet att växa i våra hjärtan. Jesus berättar om detta i en annan av sina liknelser. *"Guds rike är som när en man sår säd i jorden. Han sover och stiger upp, natt blir dag och säden växer och skjuter i höjden, han vet inte hur"* (Mark 4:26-27). Du behöver endast förvissa dig om att Guds Ord planteras i god jord. Du behöver inte ens veta hur det växer och bär frukt. Allt vi behöver göra är att vänta tålmodigt på den tillväxtprocess Jesus talar om. Ordet kommer att ge riklig skörd i våra liv: *"Av sig själv ger jorden gröda: först strå, sedan ax och sedan moget vete i axet. Och när grödan är mogen låter han genast skäran gå, för skördetiden är inne"* (Mark 4:28-29). Vi behöver veta att Guds rike fungerar i enlighet med den här principen så att vi inte blir missmodiga om det tar tid innan Guds Ord bär frukt i våra liv. Det kommer ta tid eftersom Gud alltid verkar i processer. Vi kan dock vara säkra på att skörden kommer, eftersom Jesus alltid håller sina löften. Precis som bonden, behöver vi vänta tålmodigt på skörden. *"Ha därför tålamod, bröder, tills Herren kommer. Se hur bonden tåligt väntar på jordens dyrbara skörd tills den fått höstregn och vårregn"* (Jak. 4:7).

Religiösa traditioners destruktiva makt

I föregående kapitel läste vi ett stark uttalande av Jesus. När han talade till fariséerna, sa han till dem: *"Ni upphäver Guds ord genom era stadgar som ni för vidare. Och ni gör många andra liknande saker"* (Mark. 7:13). Religiösa traditioner har alltid varit en av fiendens mest effektiva sätt att stjäla Guds Ord. Religion kväver Guds ord och hindrar det från att slå rot i våra hjärtan. Vi har sett hur Guds Ord är verksamt för att fullborda allt som det har blivit sänt till. Ändå är religiösa traditioner en så stark kraft, att det upphäver Ordets kraft i våra liv. En av mina ständiga böner är att Gud skall befria mig från all tradition, och varje religiös tankebyggnad som finns i mitt liv. Jag vill alltid leva av uppenbarelse från Faderns hjärta och erfara Guds Ord i dess hela fullhet, utan att förblindas av religiösa traditioner. Sanningen är att vi alla behöver bli lösta från religiösa traditioner så att vi kan växa in i sann uppenbarelse och andlig frihet.

Kung Josia återupptäckte Guds Ord

Det finns en man, vars livsöde visar hur starkt Ordet kan verka i en person som tar emot det i ett hjärta som är god jordmån. Den mannen är kung Josia. Han var en de sista kungarna i Juda rike, och under hans regeringstid upplevde nationen en väckelse. Allt på grund av denne kungs kärlek till Gud och Hans Ord. Redan som 8-åring blev Josia kung i Juda och han började vid den tiden också söka Herren. När han blivit 12 år gammal förstörde han de platser där avgudar dyrkades över hela landet (2 Krön. 34:1-7). Josia var redan i ung ålder en rättfärdig kung som hade gett sig själv helhjärtat till Gud.

När han hade regerat i 18 år, började kung Josia reparera och återställa templet i Jerusalem och under den processen hittade en av prästerna, vid namn Hilkia, Lagboken (2 Krön. 34:8-18). Guds Ord hade vid den här tiden varit förlorat och bortglömt av Guds folk under lång tid. Men nu hade det återbördats till kung Josia och kungens reaktion blev stark: *"Skrivaren Shafan sade också till kungen: 'Prästen Hilkia har gett mig en bok'. Och Shafan läste ur den inför kungen. När kungen hörde lagens ord, rev han sönder sina kläder"* (2 Krön. 34:18-19). Josia ödmjukade sig när han hörde Guds Ord, med den påföljden att det blev det väckelse i hela nationen. Vi kan lära oss en hel del, genom att lägga märke till hur Josia reagerade när han hörde Guds Ord. Det viktigaste var förstås att han var villig att lyssna till Ordet och ödmjuka sig under det. Men de åtgärder Josia gjorde som en frukt av detta, visar att när vi handlar på Ordet, blir resultatet att Guds rike bryter fram i vår omgivning:

- Kung Josia bad profetissan och bönekvinnan Hulda om ledning och förbön (2 Kung. 22:11-20, 2 Krön. 34:20-30).
- Kung Josia och folket i Juda ingick ett förbund med Gud att ära Hans Ord (2 Kung. 23:1-20, 2 Krön. 34:31-33).
- Kung Josia firade påskhögtid (2 Kung. 23:21-27, 2 Krön. 35:1-19).

Få av Juda kungar reagerade som Josia när de hörde Guds Ord. De flesta ville inte lyssna, vilket var anledningen till att Guds Ord inte kunde verka så mäktigt i Juda under deras regeringstid.

Ödmjukhet Inför Ordet

Vad var då så speciellt med kung Josia? Vi finner svaret när vi läser det budskap som profetissan Hulda förmedlar till kung Josia: *"Eftersom ditt hjärta veknade och du ödmjukade dig inför Gud när du hörde hans ord mot denna plats och mot dem som bor här, ja, eftersom du ödmjukade dig inför mig och rev sönder dina kläder och grät inför mig har jag också hört dig, säger Herren"* (2 Krön. 34:27; se också 2 Kung. 22:18-19). Eftersom kung Josia hade ett så ödmjukt och hängivet hjärta inför Gud, kunde Guds Ord forma hans liv på ett mäktigt sätt. Detta förvandlade inte bara kung Josia själv, utan hela nationen upplevde en väckelse på grund av att kungen var villig att ödmjuka sig inför Gud!

Att lära sig av kung Josias exempel

Eftersom kung Josia levde under Gamla förbundet var både hans egen, och det övriga folkets relation till Gud mycket annorlunda. Nu lever vi i ett bättre förbund och vår relation till Far är också mycket bättre. Vi är Hans barn och har tillträde till vår Fader hela tiden. Ändå är det flera viktiga lärdomar vi kan dra utifrån kung Josias liv. Den viktigaste är att vi behöver återupptäcka Guds Ord igen och fyllas av en kärlek till det. Men också att vi måste ta emot Ordet i ett ödmjukt och villigt hjärta.

Kung Josia fick uppleva dessa kraftfulla effekter av Guds Ord, eftersom hans hjärta var god jordmån (2 Krön. 34:27). Vi behöver också ha ett sådant hjärta. Jesus sade: *"Saliga är de renhjärtade, för de ska se Gud"* (Matt. 5:8). Ett rent hjärta är ödmjukt och hängivet inför Gud. Vi kan inte göra våra hjärtan sådana av oss själva, men de goda nyheterna är att detta är en helige Andes uppgift. Han gör våra hjärtan rena, hängivna och ödmjuka inför Guds Ord. Genom detta kan Guds Ord förvandla våra liv och även ett stort antal andra människors liv genom oss. Jesus söker inte troende som förstår Bibeln perfekt. Han behöver endast ödmjuka hjärtan som älskar Hans Ord. Anden gör resten genom att andas liv över Ordet så att det blir uppenbarelse för oss.

Min erfarenhet av att få kontakt med Jesus genom Bibeln

Mina starkaste möten med Jesus har kommit då jag sett honom i Ordet. Att läsa Bibeln har alltid förmedlat läkedom och tröst till mig. Det är när jag tillbringar tid i Ordet som jag har kvalitetstid med Far, Jesus och den helige Ande. När jag ber och begrundar Guds löften så dyker jag djupt ner i Faderns kärlek, för att få se ännu mer av Hans hjärta. Genom Skriften får jag då del av Jesu Kristi eget liv och den helige Andes uppenbarelse. Orden från Jesus väcker liv i mitt hjärta och fyller mig med tro. När jag blev frälst hade jag en mycket bruten identitet och mitt hjärta var så sårat att jag stängt ner det bara för att överleva. Att läsa Ordet tillsammans med Jesus var nyckeln för mig till att bli upprättad i min sanna identitet, och för att ta emot läkedom i mitt inre. Jag upplevde hur Jesus *"… sände sitt ord och botade dem och räddade dem från undergång"* (Ps. 107:20). Genom hela mitt kristna liv har jag fått kraft, styrka och ledning, genom att tillbringa tid i Ordet tillsammans med Jesus. *"Allt som har skrivits tidigare är skrivet till vår undervisning, för att vi ska bevara vårt hopp genom den uthållighet och tröst som Skrifterna ger"* (Rom. 15:4). Jag älskar Guds Ord!

Hur ska man läsa Bibeln?

Det finns en hel del enkla steg att ta som kan bli till hjälp för oss
när vi närmar oss Bibeln. Jag kommer nu att dela några steg som
varit viktiga för mig, när det gäller att bygga en vana av att möta
Jesus i Ordet:

1. **Läs Bibeln tillsammans med den helige Ande.**
   Det enda sättet för oss att möta Jesus i Ordet, är genom
   den helige Andes uppenbarelse. När vi läser Bibeln ska
   vi alltid göra det med ett bedjande hjärta. Bjud in Anden
   att ge ljus över Skriften och förvänta dig sedan att din tid
   i Ordet ska fyllas av Jesu egen närvaro och ledning.

2. **Läs Ordet för att få kontakt med Faderns hjärta.**
   Kom ihåg att målet med läsningen är att ännu mer känna
   Faderns hjärta. Be Honom visa på Jesus i Ordet och låt
   det alltid vara ditt mål att lära känna Honom. Du läser
   inte i första hand för att få kunskap om Gud, utan för att
   umgås med Honom.

3. **Hitta rätt tid och plats.**
   För mig har det varit bra att veta när och var jag ska läsa
   Bibeln. Jag stiger upp och läser Bibeln, det första jag gör
   varje morgon. Jag vaknar oftast tidigt. Då brygger jag en
   kopp kaffe och sätter mig på min favoritplats i vår soffa,
   där jag läser och ber över Guds Ord. Det är inte alla som
   har tid och möjlighet på morgonen, men var konsekvent
   i att ta tid med att läsa Bibeln. Det är till hjälp för dig att
   hitta en tid och en plats som känns bekväm för dig. Bäst
   är att avskilja en lugn plats där du kan sitta tillsammans
   med Bibeln och den helige Ande.

4. **Bed med de olika bilder som Bibeln målar upp.**
I föregående kapitel finns en lista med bibliska bilder som beskriver vad Guds Ord gör och hur det verkar. Jag ber och reflekterar ofta över dessa bilder, samtidigt som jag ber den helige Ande visa mig mer. Vad betyder det att Ordet beskrivs som en eld eller en hammare? Hur kan jag tillämpa det bildspråket i mitt liv? Det har hjälpt mig att se rikedomen och djupet i Guds Ord.

5. **Använd en bibelläsningsplan.**
Jag vill uppmuntra dig att följa en bibelläsningsplan. Jag har gjort det i uppemot tjugo år nu. Det är till god hjälp med en plan för att läsa igenom hela Bibeln regelbundet. Annars är det lätt hänt att vi förfaller till att enbart läsa våra favoritställen i Skriften. En enkel bibelläsningsplan som tar dig igenom Bibeln på ett år, innebär att du läser ungefär fyra kapitel varje dag. Det tar 20 minuter av din dag och ger dig en mycket bra överblick av hela Bibeln. Det går att hitta sådana bibelläsningsplaner på nätet

6. **Meditera över och begrunda Skrifterna.**
Ett sätt att möta Jesus i Ordet, är att meditera och be över ett bibelställe som Jesus visar. När jag läser Ordet, brukar den helige Ande levandegöra ett, eller möjligen två bibelord för mig. Under dagens lopp bär jag då den versen i min ande. Jag begrundar och ber över den så att Anden får möjlighet att ge ytterligare uppenbarelse. Jag får alltid mer insikter när jag gör så. Detta är det sätt som jag får mitt dagliga bröd genom Skriften.

7. **Använd olika översättningar.**
Jag använder alltid många olika bibelöversättningar när jag läser Ordet. Oftast läser jag hela Nya Testamentet i tre eller fyra olika översättningar varje år. Detta har varit till stor hjälp, eftersom det ger mig olika nyanser på vad

Jesus visar. Ibland är det bra att läsa samma bibelvers, fast uttryckt på olika sätt, för att det ska förbli fräscht för oss. Om du söker efter bra översättningar, kan du hitta några av mina favoriter i bibliografin till denna bok.

8. **Finn bra bibelkommentarer och studieredskap.**
   Det är ofta givande att läsa kommentarer till bibelböcker. Där går det få lite mer historisk bakgrund till böckerna, men också hjälp att förstå den kultur som Bibelns böcker skrevs i och till. Detta kan vara till hjälp för att förstå vad författarna menade. Jag rekommenderar även *Strong's Concordance* och *Vine's Dictionary*, där du kan få hjälp att studera grekiska och hebreiska ord. Dessa är mycket bra verktyg när man vill gå djupare in i Bibeln, genom att få en rikare förståelse av vissa ord.

Det viktiga att komma ihåg är att Guds Ord alltid leder till Jesus. När vi läser Bibeln tillsammans med Jesus, kommer Han att leda oss in i en djupare relation med Fadern.

KAPITEL 7:
TILLBEDJAN I ANDE OCH SANNING

Men det kommer en tid, och den är redan här, när sanna tillbedjare ska tillbe Fadern i ande och sanning. Sådana tillbedjare vill Fadern ha. Gud är ande, och de som tillber honom måste tillbe i ande och sanning (Joh. 4:23-24).

Fadern längtar efter barn som tillber Honom i ande och sanning. Att vara en tillbedjare är en frukt av att ha upplevt Guds kärlek och sett härligheten från Jesus. Tillbedjan i ande och sanning kan definieras som vårt hjärtas gensvar på att se Jesus sådan Han är. Tillbedjan har inget att göra med en viss musikstil eller ett visst trendigt uttryck av lovsång. Det innebär att vara uppfylld av en längtan efter att förhärliga vår Far, och ha en längtan i hjärtat att ge Honom all ära. När vi lever en livsstil av tillbedjan, kommer vi alltmer att formas efter Hans avbild, eftersom vi i tillbedjan skådar Herrens härlighet med obeslöjade ansikten. Den atmosfär som skapas i ett rum fyllt av tillbedjan är även den atmosfär där vi finner sann frihet. Paulus uttrycker vad tillbedjan gör med oss i brevet till Korinth: *"Herren är Anden, och där Herrens Ande är, där är frihet. Och alla vi som med obeslöjat ansikte ser Herrens härlighet som i en spegel, vi förvandlas till en och samma bild, från härlighet till härlighet. Det sker genom Herren, Anden"* (2 Kor. 3:17-18).

Skillnaden mellan lovprisning och tillbedjan

Ofta har tillbedjan förväxlats med lovprisning, men det finns en viktig skillnad. De är egentligen två sidor av samma mynt, för de är båda ett uttryck för ett tillbedjande hjärta. Därför kommer vi bara nämna den skillnaden i korthet här, men det är ändå bra att veta att de inte är samma sak.

- *Att lovprisa Gud* innebär att sjunga och proklamera ut sanningar om Gud, vem Han är och Hans gärningar. Lovprisning är sånger som säger något om Jesus. Att få lovprisa Gud är både viktigt och underbart, eftersom vi då påminns om Guds storhet och alla Hans förunderliga gärningar. Att lovprisa Herren är även ett starkt vapen i vår förbönstjänst och krigföring. Lovprisning skiftar den andliga atmosfären och förlöser Guds kraft.

- *Att tillbe Gud* är att sjunga kärlekssånger direkt till Gud. All tillbedjan riktas alltid till Jesus Kristus och vår Fader. När vi med avtäckt ansikte skådar Herrens helighet blir vårt naturliga gensvar alltid att tillbe Honom. Vi ger vår kärlek och tillgivenhet till Honom i tillbedjan.

Såväl lovprisning som tillbedjan är mycket dyrbara, men som vi redan fastslagit behöver vi inte göra så stor skillnad mellan dem här. Både lovprisning och tillbedjan flödar fram ur ett hjärta som tillbeder Fadern i ande och i sanning. Vi ser ett bra exempel på hur både lovprisning och tillbedjan kommer från ett gudfruktigt hjärta i följande psalm:

Lova Herren, min själ! Hela mitt inre, prisa hans heliga namn! Lova Herren, min själ, och glöm inte allt gott han gör – han förlåter dig alla dina synder och botar alla dina sjukdomar, han friköper ditt liv från graven och kröner dig med nåd och barmhärtighet, han mättar ditt begär med sitt goda så att du blir ung på nytt som en örn (Ps. 103:1-5).

Tillbedjan av Fadern i ande och sanning

Vår Fader önskar att alla Hans barn ska tillbe Honom i ande och sanning. När Jesus undervisade om bön, gav Han oss Fader vår och i den bönen lärde Han oss att tillbe Fadern: *"Så ska ni be: Vår Far i himlen, låt ditt namn bli helgat… För riket är ditt, och makten och äran i evighet. Amen"* (Matt. 6.9, 13). Hjärtat i allt vad Jesus gjorde, var att förmedla en klar bild av sin Fader till världen så att Han skulle bli älskad och förhärligad överallt. I sin översteprästliga bön uppenbarade Jesus det som var motivet till Hans tjänst när Han sade till Fadern: *"… jag har förhärligat dig på jorden genom att fullborda det verk som du gav mig att utföra"* (Joh. 17:4). Kristi tjänst syftade till att uppenbara och förhärliga Far. Jesus längtar efter att ha en lovsjungande församling som tillber Fadern i ande och sanning. När vi tittar närmare på Jesu böneliv så finner vi att Han ständigt tillbad och lovprisade sin Far. Här är ett exempel: *"Vid den tiden sade Jesus: Jag prisar dig Far, himlens och jordens Herre, för att du har dolt detta för de visa och kloka och uppenbarat det för de små. Ja, Far, så var din goda vilja"* (Matt. 11:25-26, se också Luk. 10:21 samt Joh. 11:41-42). En viktig del av att leva i Kristuslikhet, är att tillbe och ära Fadern. När vi kommer i kontakt med Hans kärlek och ser vilken god Pappa Han är, kan vi inte annat än att prisa och tillbe Honom. På samma sätt vill Fadern att alla ska tillbe Sonen. Detta är också den helige Andes fulla fokus. Hans tjänst är alltid helt inriktad på att förhärliga Jesus (Joh. 16:14).

Lovprisning av Guds Lamm

Uppenbarelseboken är en fascinerande skrift. I denna profetiska bok får aposteln Johannes blicka in i den himmelska världen, där han träder in i Guds tronrum. En bokrulle förs då fram och ingen anses vara värdig att öppna den. En av de äldste talar ord av tröst till Johannes och förklarar att Lejonet av Juda är värdig att öppna den. När han vänder sig om för att skåda detta mäktiga Lejon, ser han Guds Lamm, Jesus Kristus (Upp. 5:1-7). Han är den ende som är befunnen värdig att öppna bokrullen. När Jesus slutligen öppnar bokrullen så gensvarar de äldste och de fyra varelserna med att falla ned och tillbe Honom:

Och när det tog bokrullen, föll de fyra varelserna och de tjugofyra äldste ner inför Lammet. Var och en hade en harpa och skålar av guld fulla med rökelse, som är de heligas böner. Och de sjöng en ny sång: 'Du är värdig att ta bokrullen och bryta dess sigill, för du har blivit slaktad, och med ditt blod har du friköpt människor åt Gud av alla stammar och språk och länder och folk. Du har gjort dem till ett kungarike och till präster åt vår Gud, och de ska regera på jorden' (Upp. 5:8-10).

De tjugofyra äldste och de fyra varelserna gensvarar med att falla ner i tillbedjan inför Jesus Kristus, Guds Lamm. De lovsjunger Honom genom att upphöja Hans fullbordade verk på korset. De sjunger en ny sång och som människor som blivit nya skapelser i Kristus, så kommer även vi sjunga med i den nya sången (2 Kor. 5:17). Vi är det folk som Jesus har friköpt med sitt blod och vi är ett kungarike av präster som nu tjänar Gud. Samtidigt som detta händer, förenas alla änglar för att lovprisa Guds Lamm:

Och jag såg, och jag hörde rösten av många änglar runt tronen och varelserna och de äldste. Deras antal var tiotusen gånger tiotusen och tusen gånger tusen, och de sade med stark röst: 'Lammet som blev slaktat är värdigt att ta emot makten, rikedomen, visheten, kraften, äran, härligheten och lovsången (Upp. 5:11-12).

Slutligen såg Johannes att innan historiens slut så kommer hela skapelsen lovprisa och tillbe Lammet tillsammans med änglarna, de fyra levande väsendena och de tjugofyra äldste i himlen:

Och allt skapat i himlen och på jorden och under jorden och på havet och allt som finns i dem hörde jag säga: 'Honom som sitter på tronen, honom och Lammet tillhör lovsången och äran och härligheten och makten i evigheters evighet'! Och de fyra varelserna sade: 'Amen'. Och de äldste föll ner och tillbad (Upp. 5:13-14).

Denna vision är så mäktigt att det nästan känns onödigt att alls kommentera den. Visionen är ju dessutom en nyckelpassage som sätter scenen för resten av Uppenbarelseboken. Faderns plan är att hela skapelsen ska lovprisa Guds Lamm. Vi blir delaktiga av den planen varje gång vi prisar namnet Jesus. En dag kommer varje tunga tvingas bekänna att Jesus Kristus är Herre, men vi har den stora förmånen att kunna göra det frivilligt här och nu! När vi tillber Jesus, vidrör vi Faderns hjärta på ett mycket djupt sätt, för allt Han gör handlar om att upphöja Sonen. Jesus å sin sida, återgäldar den favören genom att kalla oss att tillbe Fadern i ande och sanning. Kärlek och generositet är alltid i centrum av relationen mellan Fadern och Hans Son!

Tillbedjan och befrielse

Tillbedjan har en kraftfull inverkan på vårt hjärta och själ också. Vi kan se detta genom att läsa ett välkänt bibelsammanhang från Apostlagärningarna: *"Vid midnatt var Paulus och Silas i bön och lovsång till Gud medan fångarna lyssnade på dem. Plötsligt kom ett kraftigt jordskalv så att fängelset skakades i sina grundvalar. I samma ögonblick öppnades alla dörrarna, och allas bojor lossnade och föll av"* (Apg. 16:25-26). När Apostlagärningarna beskriver hur Paulus och Silas sjöng lovsånger i fängelset, vilket ledde till ett jordskalv där deras bojor föll av så visar det på en viktig andlig sanning. Den sanningen är att ett av de snabbaste sätten att bli befriad från demoniskt betryck, är att lovprisa Gud. Att leva ett liv i tillbedjan kommer förr eller senare leda till ett liv i frihet.

Jesus behöver inte vår tillbedjan för Han är redan högt upphöjd över allt. Vår lovprisning förändrar inte Gud, men den förändrar vårt perspektiv på livet. Det är förbluffande hur de problem som tidigare verkat väldigt stora, plötsligt sjunker ihop, när vi börjar tillbedja och lovprisa Jesus. Gud lovar att Hans barns lovsånger kommer att bryta makten av djävulens attacker och ge seger i den andliga striden. *"De ska ha Guds lov i sin mun och ett tveeggat svärd i sin hand, för att hämnas på hednafolken och straffa folken, för att binda deras kungar med kedjor och deras stormän med bojor av järn, för att verkställa den dom som står skriven. Det blir en ära för alla hans trogna. Halleluja!"* (Ps. 149:6-9). Djävulen har inget vapen eller motattack som är effektiv emot sann lovprisning och tillbedjan.

Jag har sett detta oräkneliga gånger, särskilt när jag har bett för människor som söker befrielse från demoniskt betryck. Om det inte blir något genombrott i bönen, brukar jag börja tillbedja och lovprisa Jesus. Så snart en atmosfär av tillbedjan fyller rummet, och vi upphöjer Herren tillsammans så får vi som regel också ett genombrott i förbönen. Den demoniska världen står inte ut med att lyssna till hur Jesus blir förhärligad. De onda makterna måste försvinna när vi prisar Hans namn!

Tysta Åklagaren

Det är när vi tillber och sjunger lovsång till Gud som våra fiender tystas. Djävulen kallas *"brödernas åklagare"*. Han söker hela tiden efter möjligheter att anklaga de troende, för att fånga oss i skuld och fördömelse (Upp. 12:10). Genom Jesu försoningsverk har fiendens anklagelser inte längre någon relevans, eftersom all vår synder är försonad. Det finns inte längre någon fördömelse för dem som är i Kristus (Kol. 2:13-15). Vi får vara med och tysta alla fiendens anklagelser genom att upphöja Kristi fullbordade verk på korset. *"Herre, vår Herre, hur härligt är inte ditt namn över hela jorden, du som satt ditt majestät på himlen! Av barns och spädbarns mun har du berett en makt för dina fienders skull, för att förgöra fiende och hämnare* (Ps. 8:2-3). Anledningen till vår seger är att djävulen inte har något svar på det som Jesus åstadkom på korset. Fienden förlorade rösten när Jesus triumferade över honom. Vår Faders djupaste längtan är att Jesus skall bli förhärligad. Därför kommer varje tunga förr eller senare bekänna Jesus som Herre (Fil. 2:9-11). Vi har privilegiet att redan nu gensvara till Faderns längtan genom att upphöja Jesu namn. Hans namn är över varje annat namn! En underbar bonus som följer med att vi lyfter upp Jesu namn, är att åklagaren tystas och tappar rösten!

Lovprisning avgör slaget

I 2 Krön. 20, läser vi om hur kung Josafat befann sig i en kritisk situation. Han var attackerad av ammoniternas och moabiternas betydligt större arméer. Josafat uppmanade då folket att be och fasta, och Herren gav då den strategi till kungen som krävdes för att vinna slaget. *"Sedan han hade rådgjort med folket, ställde han upp sångare som skulle prisa Herren i helig skrud medan de drog ut framför den beväpnade hären. De skulle sjunga: Tacka Herren, evig är hans nåd"* (2 Krön. 20:21). Josafat ställde upp lovsångarna framför den väpnade armén. De skulle proklamera Herrens eviga nåd och stora trofasthet. Som en följd av detta var slaget över redan innan det hade börjat och Guds folk vann en viktig seger den dagen. *"Och när de började att sjunga och lova, lät Herren ett angrepp komma bakifrån på folket från Ammon, Moab och Seirs bergsbygd som hade kommit mot Juda, och de blev slagna"* (2 Krön. 20:22). Som ett gensvar till Israels folks lovsång såg Herren till att de fientliga arméerna blev angripna bakifrån och blev besegrade. Detta är en stark profetisk bild av lovsångens makt som ett andligt vapen.

När vi lovprisar Gud, kommer Han att strida för oss. Det enda vi behöver fokusera på är att hämta in krigsbytet från striden. Israel fick så mycket byte från detta slag, att det tog tre dagar att samla ihop. I deras fall var bytet kläder, mat och andra värdefulla ting (2 Krön 20:25). I vårt fall kommer bytet i form av människor som blir frälsta, helade och befriade. Vår segerlön blir att Guds rike utvidgas. En lovprisande livsstil är en segrande livsstil!

Tillbedjan innebär disciplin och offer

Lovprisning och tillbedjan är inte något vi bär fram för att det känns bra, utan för att Gud är god. Han förtjänar vår lovprisning och att leva ut en tillbedjande livsstil är ofta en fråga om andlig disciplin. Många gånger hör lovprisning samman med offer: *"Låt oss därför ständigt genom honom frambära lovets offer till Gud, en frukt från läppar som prisar hans namn"* (Hebr. 13:15). Genom att tillbe och lovprisa Honom, kan vi bevara vårt fokus på vem vår Far är, och vi tränar då våra själar att förbli i Hans kärlek.

Ibland behöver vi säga till vår själ att lovprisa Herren. I Psaltaren finner vi den principen illustrerad många gånger. Här ser vi ett tydligt exempel: *"Varför så bedrövad, min själ, varför så orolig i mig? Hoppas på Gud. Jag ska åter få tacka honom, min frälsning och min Gud"* (Ps. 42:12). När vi går igenom tuffa tider så är det lätt att glömma att förbli i Guds närvaro och i stället fylla vårt inre med alla våra problem. Det är då vi bör följa psalmistens exempel och tala om för vår själ att den ska prisa Gud. När vi gör det, kommer vi finna förnyad styrka och hopp. Vi blir lösta från modlöshetens ande genom att få nåd att ikläda oss lovprisningens klädnad. Jesaja profeterade om att Jesus skulle föra fram ett nytt förbund, där Guds barn skulle ta emot *"... huvudprydnad i stället för aska, glädjens olja i stället för sorg, lovsångsdräkt i stället för en modfälld ande. Och de ska kallas 'rättfärdighetens terebinter', planterade av Herren till hans förhärligande"* (Jes. 61:3). Idag är frälsningens dag och nådens år är nu här. När vi tillber Gud så blir vi smorda med glädjens olja och vi tar emot en fräsch smörjelse från Herren. Då bryts tungsinnets ande och vi blir iklädda lovsångens klädnad. Resultatet av detta är att Herren blir upphöjd och lovprisad!

Lovsång och den helige Ande

Paulus uppmuntrar oss: *"... låt er uppfyllas av Anden och tala till varandra med psalmer, hymner och andliga sånger. Sjung och spela för Herren i era hjärtan. Och tacka alltid vår Gud och Far för allt i vår Herre Jesu Kristi namn"* (Ef. 5:18-20). Det finns en djup förbindelse mellan att leva ett andefyllt liv och en tillbedjande livsstil. Som vi redan har sett så förhärligar den helige Ande alltid Jesus. När Andens närvaro fyller våra liv kommer Han att fylla våra hjärtan med längtan att få upphöja Jesus. Frukten av detta blir att vi lovprisar Jesus i både ord och gärning. Det kommer också att bli synligt i hur vi talar till varandra. Våra hjärtan blir förvandlade och fyllda med en förnyad vision av Jesus. Vi får en djup längtan att tillbe Honom ännu mer.

Hur man utvecklar en ande av lovprisning

All tillbedjan i ande och sanning börjar med att vi skådar Gud. När vi ser vem Jesus är och vi får se Hans skönhet och helighet, gensvarar vi med att tillbe Honom. Här följer några praktiska råd om hur vi utvecklar ett tillbedjande hjärta:

1. **Att leva med en fräsch uppenbarelse av vem Gud är.**
   Att tillbe i ande och sanning är alltid ett gensvar på en uppenbarelse av Guds härlighet. När vi ser Jesus sådan Han verkligen är, blir det omöjligt att inte lovprisa.
   Därför ska vi alltid söka en fräsch uppenbarelse av Fars hjärta. Jag ber ständigt att mitt hjärta ska vidga sig så att jag kan ta in mer av Honom. Den som lovprisar i ande och sanning är någon som har blivit fullständigt intagen av Faderns hjärta!

2. **Håll ett Trinitariskt perspektiv på tillbedjan.**
   Fadern, Sonen och den helige Ande förtjänar alla vår tillbedjan. Det håller vår tillbedjan fräsch eftersom det är en sådan välsignelse att umgås med alla tre personer i Gudomen. Min erfarenhet är att ett rikt och djupt liv i Gud kommer av att vi bygger vår relation med Fadern, Jesus och den helige Ande.

3. **Tillbe med hjälp av Psaltaren och andra Skriftord om lovsång.** Ett bra sätt att lära sig leva i tillbedjan är att be med psalmerna i Psaltaren, eller andra sammanhang i Ordet som är skrivna för att uttrycka tillbedjan. Genom att be över dessa bibelord, kan vi lära oss att uttrycka vår tillbedjan på nya sätt.

4. **Hitta bra musik för din lovprisning och tillbedjan.**
    Vi är välsignade att få leva i en tid då några av historiens
    mest andesmorda lovsångsledare lever. Vi kan lätt ladda
    ned deras låtar i våra datorer och telefoner. Jag utnyttjar
    denna förmån fullt ut, genom att varje månad ladda ned
    ny, fräsch lovsångsmusik som betjänar mitt hjärta. Varje
    morgon går jag alltid på min bönepromenad. Då lyssnar
    jag alltid på lovsång och fyller så min dag med tillbedjan
    till Gud. Jag rekommenderar att du tar tid för fokuserad
    lovprisning och tillbedjan varje dag. Detta vederkvicker
    din ande och förnyar ditt liv med Gud.

5. **Fyll din dag med lovprisning och tillbedjan.**
    Ett annat sätt att utveckla en tillbedjande livsstil är att du
    fyller din dag med lovsång. Jag har lärt mig mycket om
    detta genom att leva med min fru. Oavsett vad hon gör,
    har hon nästan alltid lovsångsmusik i bakgrunden. Hon
    fyller vårt hus med tillbedjan. Detta hjälper mig att förbli
    fokuserad på Faderns hjärta och närvaro. När du jobbar
    i trädgården eller, kör till jobbet och under resten av din
    dag, kan du på så sätt utveckla en tillbedjande livsstil.

KAPITEL 8:
SOAKING- ATT BLÖTLÄGGAS I GUDS KÄRLEK

Den högsta kallelsen i den troendes liv är att lära känna Gud och bli genomlyst av Honom. *"Gud är trofast, han som har kallat er till gemenskap med sin Son Jesus Kristus, vår Herre"* (1 Kor. 1:9). Vi har blivit kallade till att leva i djup gemenskap med Jesus Kristus. Vi kan gensvara till den kallelsen på lite olika sätt, men hjärtat av det är att tillbringa tid i Hans närvaro. Jag har märkt att många troende har lärt sig att komma till Fadern i bön för att be för olika saker, men bön är så mycket mer än det.

Bön handlar om att tillbringa tid tillsammans med Honom och lära känna Hans hjärta på ett djupare och mer intimt sätt. Genom att göra det, utvecklar vi ett medvetande om Hans närvaro som vi kan bära med oss genom resten av dagen. På så sätt kan vi be utan uppehåll (1 Tess. 5:17). Vi kan inte gå in i förbön och be för böneämnen hela dagen lång, men vi kan förbli i Hans kärlek. Vi kan leva av Jesu inneboende närvaro hela tiden. Det är en otrolig förmån, att vi har fått en pågående hjärta-till-hjärta-relation med Fadern. Soaking hjälper oss att förbli medvetna om att Han alltid är med oss.

Att betjäna inför Herren

Att vänja sig vid Hans närvaro genom att tillbringa tid med att bara vara med Honom, betjänar våra hjärtan på ett mycket djupt plan. I Hans närvaro finner vi helande, tröst och uppmuntran. Och när vi tillbringar tid med Honom så rör vi vid Hans hjärta också. Jag tror att detta hände församlingen i Antiokia *"… när de tjänade Herren och fastade sade den helige Ande: 'Avskilj Barnabas och Saulus åt mig för den uppgift som jag har kallat dem till'"* (Apg. 13:2). Ordet som används om *"tjänade Herren"*, antyder att de tjänade

89

som Herrens präster. Vi är ett konungsligt prästerskap som blivit köpta med Jesu dyrbara blod (Upp. 5:9-10). Att betjäna Herren är något mer än bara något vi gör. Det är vad vi är. Vi är Jesu Kristi präster och en del av vår kallelse till prästtjänst, innebär att vi betjänar Hans hjärta genom att dröja i Hans närvaro och ge vår lovsång och tillbedjan till Honom. När vi förblir i Hans närvaro och avsätter tid bara för Honom, gläder vi Hans hjärta.

Att dröja i Hans närvaro

Jag nämnde lite tidigare i detta kapitel att vi kan dröja i Herrens närvaro genom den sorts bön som kallas soaking. Jag vill stanna vid det uttrycket ett ögonblick. Soaking betyder helt enkelt att vara stilla och njuta av Hans närvaro. Detta är en typ av bön, då vi bara tillbringar tid med att vila i Hans kärlek. Vi blir blötlagda i Jesu närvaro. Vanligtvis utövas denna form av bön liggande på en soffa eller säng med stilla lovsångsmusik i bakgrunden. I den här typen av bön går vi inte in i förbön eller gör något *för* Gud, inte ens så mycket *med* Honom. Vi är helt enkelt bara i stillhet och besinnar att Han är Gud genom att ta emot *från* Honom. Soaking handlar om att låta vår Far att visa sin kärlek till oss, och för vår själ att vänja sig vid att förbli i Hans kärlek. Vår Fader älskar oss alltid och Hans närvaro förblir alltid med oss.

Eftersom vi lever fullbokade liv där oräkneliga aktiviteter jagar efter vår uppmärksamhet så är vi inte alltid medvetna om Hans närvaro. Därför behöver vi ständigt stilla ned vår själ och fästa vår uppmärksamhet på Honom. Det är detta som soaking går ut på. I Psaltaren talas om denna typ av bön med orden: *"Bli stilla och besinna att jag är Gud"* (Ps. 46:11). Johannes skriver också om detta. Hans uttryck för detta är att vi förblir i Guds kärlek (1 Joh. 4:16). Ibland behöver vi bli stilla och fatta ett tydligt beslut att vi skall tillbringa kvalitetstid med Jesus. Detta är vad Bibeln menar när den uppmuntrar oss att vänta på Herren.

Att vänta på Herren

Vi tittade som hastigast på det bibliska konceptet av att vänta på
Herren i det första kapitlet av denna bok. Då konstaterade vi att
detta att vänta på Herren, inte är lika med passivitet. Det handlar
inte bara om att sitta och vänta på vad Herren ska göra för oss.
Att vänta på Herren betyder att aktivt söka Hans ansikte, förbli i
Hans närvaro och dricka av Hans kärlek. Det är så vi väntar på
Herren och det kräver att vi är aktivt närvarande med Honom.
Psalm 131 är en kort psalm, men den beskriver perfekt vad det
innebär att vänta på Herren.

*Herre, mitt hjärta är inte högmodigt, mina ögon är inte stolta. Jag ägnar
mig inte åt stora ting, åt sådant som är för svårt för mig. Nej, jag har
lugnat och stillat min själ som ett avvant barn hos sin mor. Som ett
avvant barn är min själ i mig. Israel, hoppas på Herren, från nu och till
evig tid* (Psalm 131)

När vi väntar på Herren lämnar vi de komplexa mysterierna och
undren som gäller vår tro till Gud. Vi överlåter livets stress och
de utmaningar vi möter i Hans händer och stillar våra själar inför
Honom. Vi vilar som ett barn på sin mors knä och tar emot Guds
tröstande kärlek. Vi väntar på Herren genom att vi förblir i Hans
manifesterade närvaro. Där blir vi förnyade och vederkvickta.

Ära Gud genom att njuta av Hans närvaro

*Hur dyrbar är inte din nåd, o Gud! Människors barn har sin tillflykt i
dina vingars skugga. De mättas av rika gåvor i ditt hus, av din
ljuvlighets ström ger du dem att dricka. Hos dig är livets källa, i ditt
ljus ser vi ljus* (Ps. 36:8-10).

Faderns hjärta flödar över av kärleksfull omsorg gentemot oss.
Han vill att vi ska bli fyllda av Hans överflöd och att vi ska släcka
vår själs törst genom att dricka från Hans kärleksströmmar. Att

njuta av Hans närvaro är den högsta formen av tillbedjan. När vi gör det, erkänner vi att Han är vår Gud, och att Han är källan till allt gott i våra liv. När vi medvetet dröjer i Hans närvaro, tränar vi våra hjärtan att mättas av Honom.

Som jag nämnde tidigare är det vanligt att de som praktiserar soaking gör det liggande på en säng eller madrass. Detta brukar också kombineras med stilla lovsångsmusik som är anpassad för denna form av stilla bön. Men vi kan också praktisera soaking medan vi tar en promenad eller sitter på bussen. Vår Far lämnar oss aldrig och vi kan ständigt förbli i Hans kärlek. Anledningen till att vi behöver bestämda tider för denna typ av bön, är att vi behöver träna våra hjärtan att förbli i Hans närvaro. Han är alltid närvarande med oss och genom att överlåta oss i Hans närhet lär vi oss att leva nära Honom.

Maria är vårt exempel

Det fanns ett speciellt hem som Jesus älskade att besöka. Detta hem var ett hus i Betania som tillhörde några goda vänner till Jesus. Jag talar om det hem som tillhörde de två systrarna, Marta och Maria, och deras bror Lasarus. En dag när Jesus besökte detta hem så hände något som illustrerar det som vi studerar i detta kapitel. *"Medan de var på väg kom Jesus in i en by, och en kvinna som hette Marta tog emot honom i sitt hem. Hon hade en syster, Maria, som satte sig vid Herrens fötter och lyssnade till hans ord"* (Luk. 10:38-39). När Jesus undervisade sina lärjungar, satt Maria vid Hans fötter tillsammans med lärjungarna och lyssnade. Genom att göra så, proklamerade hon sig som en av Herrens lärjungar. Detta var ett frimodigt steg, eftersom rabbiner inte undervisade kvinnor i den kulturen. När Jesus ändå tillät Maria att lyssna till Honom som en lärjunge visar det hur Han värderade kvinnor. Han visar här att kvinnor kan gensvara till sin kallelse precis som män.

Guds kallelse är inte beroende av kön, utan på dem som Herren utväljer. Han smörjer och utrustar män och kvinnor till just den tjänst och det uppdrag som Han vill.

Bryta med kulturella förväntningar för att tillbringa tid med Jesus

I den kulturen hade man inte ens hört talas om att kvinnor kunde vara lärjungar, vilket ju förklarar Martas uppenbara frustration. *"Marta däremot var upptagen med alla förberedelser, och hon kom fram och sade: "Herre, bryr du dig inte om att min syster har lämnat mig att sköta allting själv? Säg nu till henne att hon hjälper mig"* (Luk. 10:40). Maria fogade sig inte efter den tidens kulturella förväntningar. I stället bröt hon den gängse normen genom att sätta sig vid Jesu fötter och lyssna till Honom. Jesus svarade på frågan genom att försvara Marias val att sitta vi hans fötter: *"Herren svarade henne: "Marta, Marta, du bekymrar dig och oroar dig för så mycket. Men bara ett är nödvändigt. Maria har valt den goda delen, och den ska inte tas ifrån henne"* (Luk. 10:41-42). Vår kultur är annorlunda än deras på en mängd olika sätt, men att sitta vid Jesu fötter kräver att även vi bryter med våra kulturella normer. Det alltmer hektiska livstempot i västvärlden, skapar en stress som ibland kan göra det svårt att vänta på Herren. Vi behöver göra ett tydligt val att släppa på det höga tempot och vår agenda för dagen och i stället välja den goda delen och vänta på Herren.

Hur jag bröt med arbetskulturen i min tjänst

När jag hade arbetat som pastor ett par år, lade jag märke till att många av de ledare och predikanter jag kände, klagade över att de inte hade tid att prioritera sin relation med Gud. De var alltför upptagna med de praktiska och sociala uppgifter som hörde ihop med pastorstjänsten. När jag hörde om detta, gjorde jag ett kvalitetsbeslut att alltid ha tid inplanerad i mitt schema för att vara med Far. Inte bara på fritiden utan under arbetstiden likaså.

Jag praktiserar detta än i denna dag. Det var lite upprörande för en del som förväntade sig att jag skulle göra mer aktivt arbete. Men jag var tvungen att bryta med dessa förväntningar, eftersom jag vet att andligt arbete inte kan utföras genom mänsklig styrka.

Det är endast genom den helige Andes smörjelse som vi kan göra tjänst i Guds rike. Och den enda plats där vi kan ta emot fräsch smörjelse, är i det fördolda hos vår himmelske Fader. Apostlarna gjorde en liknande prioritering. När de praktiska behoven växte alltmer i den tidiga församlingen, insåg de att de inte fick fastna i praktiska sysslor, om de skulle fungera effektivt i sin tjänst. Därför överlät de den uppgiften till andra betrodda och smorda tjänare så att de kunde överlåta sig till Ordets och bönens tjänst. *"Nej, bröder, utse sju män bland er som har gott anseende och är fyllda av Ande och vishet, så ger vi dem den uppgiften. Själva ska vi ägna oss åt bönen och åt ordets tjänst"* (Apg. 6:3-4). Deras huvudfokus var Herrens verk och den apostoliska tjänst de stod i, var en frukt av det liv de levde med Fadern i det fördolda.

Förmånen att be i tungor

Ett av de sätt på vilka vi kan stilla våra sinnen och finna vila för våra själar är att be i tungor. När vi ber i tungor är vår ande aktiv medan vårt sinne är i vila. *"För om jag ber med tungomål så ber min ande, men mitt förstånd bär ingen frukt"* (1 Kor. 14:14). Att be i nya tungor har varit en av de huvudsakliga vägar jag använt för att fördjupa min intimitet med Gud. Det är ofta då jag tar mig tid att be i Anden som jag får ta emot ny uppenbarelse och ledning från Gud. Att be i tungor har hjälpt mig finna djup frid och vila i min relation med Fadern, eftersom det tystar rösterna i mitt sinne och stillar ner mitt hjärta.

När vi ber i tungor bygger vi upp oss själva och hittar en väg att förbli i Faderns kärlek. *"Men ni, mina älskade, ska bygga upp er själva på er allra heligaste tro och be i den helige Ande. Håll er kvar i*

Guds kärlek, medan ni väntar på att vår Herre Jesus Kristus i sin barmhärtighet ska ge er evigt liv" (Jud. 1:20-21, se också 1 Kor. 14:4). Att vi finner vila för vårt sinne och blir uppbyggda i vår tro, är två av de välsignelser som följer tungotalet. Men viktigast är att det befäster oss i Faderns kärlek och närvaro, eftersom vår ande då talar hemligheter med Gud. Det fördjupar vår intimitet med Honom på ett avgörande sätt. Jag älskar att tillbringa kvalitetstid med Jesus genom att be i anden.

Människor lägger märke till att vi tillbringat tid med Jesus

Vi har konstaterat att när vi dröjer kvar i Faderns kärlek blir våra hjärtan berörda och förvandlade, och det är ett av de sätt som vi gör tjänst inför Herren. En annan viktig frukt av att vi tar tid med Jesus, är att vår omgivning kommer att lägga märke till att något är annorlunda med oss. Jesus kommer att bli uppenbarad, sedd och känd genom oss, när vi lär oss att förbli i Hans närvaro. När Petrus och Johannes fördes fram, för att frågas ut av det religiösa rådet i Jerusalem lade de märke till något mycket intressant:

När de såg hur frimodiga Petrus och Johannes var och märkte att de var olärda män ur folket, blev de förvånade. Men så kände de igen dem och kom ihåg att de hade varit med Jesus (Apg. 4:13).

Dessa rådsmedlemmar var inte vänligt inställda till den kristna församlingen och till evangeliet om Jesus Kristus. Tvärtom sökte de med ljus och lykta efter anledningar att anklaga apostlarna för hädelse så att de kunde avrätta dem. Ändå, efter att ha frågat ut dessa apostlar, var de tvungna att medge att den kvalitetstid som Petrus och Johannes tillbringade med Jesus, satte spår i deras liv. När vi prioriterar att förbli i Herrens närvaro, kommer folk att märka skillnaden. De kommer känna doften och smaken av Jesus genom våra liv. Jag har själv upplevt detta många gånger när jag tillbringat tid med människor som levt sina liv i en djup, intim gemenskap med Gud. Kristi skönhet strålar fram genom deras liv. Jag har även sett detta i mitt eget liv. Det har funnits åtskilliga tillfällen, när främlingar har kommit fram till mig på gatan och bett mig be för dem. De har då förklarat varför de gjorde så, med att upplevt att "det är något speciellt med dig. Du ser välsignad ut". Det de egentligen kände var Jesu egen närvaro. När vi dröjer kvar i Hans närhet kommer människor bli berörda och betjänade bara av att hålla sig nära oss. Jesus är mycket attraktiv och när vi tillbringar tid med Honom, kommer människor dras till oss och vi kan då dela Guds kärlek med dem. Detta är att vara ett vittne för Herren. Våra liv vittnar om vad vi har sett och upplevt när vi har förblivit i Faderns kärlek (Apg. 1:8).

Hur vi väntar på Herren

Vi är alltid omgivna av Faderns närvaro och Jesus är alltid med oss. I detta kapitel har vi studerat hur vi kan bli närvarande med Honom, genom att vila i Guds närhet. Det finns en hel del vi kan göra för att utveckla en livsstil av att förbli i väntan på Gud.

1. **Ta regelbundet speciell tid för soaking.**
   För att utveckla en livsstil där vi förblir i Hans närvaro, behöver vi vara konsekventa. Med det menar jag att vi behöver ge tid för att soaking flera gånger i veckan, eller till och med dagligen. Ett soaking-pass måste inte hålla på flera timmar. Ett pass på 30-40 minuter, fyra gånger i veckan kan vara en god start. Lägg dig ner på en bekväm plats och ställ in mobilen på flygplansläge. Kör sedan i gång en spellista med lugn lovsångsmusik och ställ ditt alarm på 40 minuter. Ligg sedan stilla och vila i Faderns kärleksfulla närvaro.

2. **Gör dig av med störningsmoment.**
   När vi tar tid att förbli i Hans närvaro är det lätt att bli distraherad. Alla möjliga slags tankar kan börja röra sig i huvudet när vi försöker stilla ned oss. Dessa tankar kan

gälla vardagshändelser som vad du ska laga till middag eller när barnen ska skjutsas till någon aktivitet. Det kan också komma upp böneämnen, eller något annat som är viktigt för dig. Men du behöver ge dessa tankar till Gud. Du kan göra detta genom att tala med Honom om det, eller genom att skriva en lista med böneämnen som du kan be för lite senare. Det är viktigt att du stillar ner dig och öppnar ditt hjärta så du kan fokusera på Fars hjärta helt och fullt.

3. **Finn lämplig musik som passar för soaking.**
Det finns en hel del bra soaking musik, som är avsedd för denna typ av förblivande bön. Du kan finna lämpliga alternativ för detta på nätet. Det går självklart också bra att använda vanlig lovsångsmusik, men se i så fall till att sångerna på spellistan är av det stilla slaget. Jag brukar rekommendera instrumental lovsångsmusik.

4. **Soaking som en återkommande del av ditt böneliv.**
När jag började praktisera soaking så utvecklade jag en vana som var ett bra stöd för mig. Den kanske kan hjälpa dig också. Jag tog alltid timmes promenad varje morgon och första halvtimmen bad jag inte för något. Jag talade om för Far att jag ville ta en promenad med Honom och lyssna till Hans röst. Den andra halvtimmen bad jag tyst i tungor, medan jag fokuserade min bön på Hans kärlek. Detta var mycket nyttigt för mig, när jag behövde lära mig förbli i Hans närhet och lyssna till hans röst.

5. **Förbli medveten om Hans närvaro under dagens lopp.**
Faderns närvaro lämnar inte bara för att din tid i bön är över. Han lovade att förbli hos dig för alltid och Han vill umgås med dig under dagens lopp. När du konsekvent praktiserar soaking och att vänta på Gud, kommer du att

utveckla en vana att vila i Hans närvaro under resten av dagen också.

Detta är ett kort kapitel, men soaking och att förbli i Faderns kärlek, har blivit de viktigaste ingredienserna i mitt böneliv. Det har hjälpt mig utveckla en livsstil och en tjänst som är centrerad kring Hans närvaro, men den största välsignelsen är att jag kan förbli i gemenskap med Gud varje ögonblick och varje dag!

KAPITEL 9:
FASTA FÖR ATT HITTA FOKUS OCH KLARHET

Jesus förväntar att fasta ska vara en normal del av varje troendes liv. Det står klart när man läser några av Hans uttalanden i detta ämne. Här är ett exempel:

När ni fastar, se då inte dystra ut som hycklarna, som vanställer sina ansikten för att visa människor att de fastar. Jag säger er sanningen: De har fått ut sin lön. Nej, när du fastar, smörj in ditt huvud och tvätta ditt ansikte så att inte människor ser att du fastar, utan bara din Far som är i det fördolda. Då ska din Far, som ser i det fördolda, belöna dig (Matt. 6:16-18).

Notera att Jesus här inte säger: "om du fastar". Han säger i stället: *"när du fastar"*. Det pekar på att fasta bör vara en del av en kristen livsstil. Några kapitel senare lyfter Jesus återigen fram fastan, när några av Johannes Döparens lärjungar ställde en fråga om detta. De undrade hur det kom sig att både de och fariséerna fastade, medan Jesu lärjungar inte verkade fasta alls: *"Jesus svarade dem: Bröllopsgästerna kan väl inte sörja medan brudgummen är hos dem? Men det ska komma dagar när brudgummen tas ifrån dem, och då kommer de att fasta"* (Matt. 9:15). Jesus förklarade att de inte skulle fasta så länge Han var hos dem, men att det senare skulle komma dagar då Hans efterföljare skulle fasta. Vi lever i dessa dagar nu. Som vi kommer att upptäcka i detta kapitel så var fasta vanligt förekommande på Bibelns tid. Fasta praktiserades av många av de bibliska gestalter som nu har blivit våra troshjältar. Även idag är fasta en underbar möjlighet för oss att gensvara till Faderns kärlek. En fastande livsstil hjälper oss att koppla med Jesu hjärta och har med sig en mängd välsignelser och fördelar.

Att definiera fasta

Vi kan tillämpa många olika typer fasta. Vi kan exempelvis fasta från sociala medier, en hobby eller tv-tittande. Men då Bibeln talar om fasta, hänvisar den alltid till att avstå från mat en tid för att i stället fokusera på att söka Gud. Det finns inga instruktioner i Bibeln om exakt hur lång en fasta ska vara men det finns ett antal bibliska exempel på olika typer av fasta av varierande längd. Jag har listat några av dessa exempel här:

- **40 dagars fasta.**
  Mose fastade i 40 dagar när han drog upp till Sinai berg för att tillbringa tid med Herren. Det var under dessa 40 dagar som Gud gav de tio budorden (2 Mos. 34:28). Elia fastade 40 dagar när han flydde ut i öknen, till berget Horeb (1 Kung. 19:8). Jesus fastade 40 dagar i öknen som en viktig del av Hans förberedelse inför att kliva in i sin tjänst. Samtidigt gjorde Jesus detta för vår skull som en del av sin ställföreträdande gärning. I öknen bröt Jesus makten av fiendens alla frestelser, och löste oss från den andliga torkan. Jesus övervann Satan och välsignade oss med strömmar av levande vatten från den helige Ande (Matt. 4:1-11, Mark. 1:13, Luk. 4:1-13).

- **Daniel-fastan/ 21 dagars fasta.**
  Daniel fastade 21 dagar som ett gensvar på den profetia Jeremias gav om att Israels fångenskap i Babel äntligen skulle vara över efter 70 år. Nu var det tid för Guds folk att återvända till det utlovade landet (Dan. 10:2-3). När Daniel fastade, fick han be igenom Guds planer för sitt folk. Ett liv i bön och fasta är spännande!

- **14-dagars-fastan.**
  Paulus fastade i 14 dagar när han var på väg med skepp till Rom. Detta var ingen frivillig fasta, men under denna

tvåveckors-period fick Paulus tilltal ifrån Gud som gav tröst och hopp till övriga resande (Apg. 27:33-34).

- **10-dagars-fastan.**
Daniel och hans vänner fastade i tio dagar, därför att de inte ville äta den babyloniska maten som var oren enligt Mose lag. De åt bara grönsaker och vatten (Dan. 1:5-17).

- **7-dagars-fastan.**
Invånarna i Jabesh fastade under sju dagar för att sörja kung Sauls död (1 Sam. 31:11). Fasta var på den tiden ett uttryck för sorg. David fastade i sju dagar när hans son var döende (2 Sam. 12:16-23).

- **3-dagars-fastan.**
Drottning Ester och det judiska folket fastade i tre dagar när de stod inför hotet att bli utplånade genom den kupp som Haman hotade folket med (Est. 4:15-17). Detta ledde till att folket blev räddat. Paulus fastade tre dagar efter att han mötte Jesus på vägen till Damaskus (Apg. 9:9).

- **Fasta i 1 dag.**
Det står inte mycket om fasta i Mose lag. Faktum är att det bara finns en föreskriven fastedag där. Denna fasta skulle hållas på försoningsdagen och hela folket skulle då fasta (5 Mos. 23:26-32).

Bibeln ger inte ger något klart besked om exakt hur länge vi ska fasta, och vilken mat vi ska avstå från. Anledningen till det är att vi skall vara ledas av Anden i vår fasta. De exempel som jag tagit upp finns där för att inspirera oss, men vi ska alltid vara ledda av den helige Ande i vår fasta. Vi vill så gärna fånga in relationen med Gud i tekniker och strukturer. Det ger oss en upplevelse av kontroll men Gud vill ha en levande, dynamisk och fri relation med oss.

Bibliska anledningar att fasta

Det samma kan sägas när det gäller bibliska skäl till vår fasta. I Bibeln finner vi åtskilliga anledningar att gå in i bön och fasta. Låt oss samtidigt ha klart för oss att dessa skäl inte är tänkta att vara ett religiöst system, utan vi ska fasta när Anden leder oss till det. Här följer en lista med bibliska skäl till att gå in i en fasta:

A. **Jesus uppmanar oss att fasta** (Matt. 6:16-18, 9:15).

B. **Att ödmjuka sig själv inför Gud** (1 Kung. 21:27-29, 2 Krön. 7:14, Esra 8:21, Ps. 35:13 Jak. 4:10).

C. **När vi är bedrövade**
(Dom. 20:26, 2 Sam. 3:35, 1 Sam. 31:13)

D. **När vi går igenom en tid av omvändelse** (1 Sam. 7:6, 2 Sam. 12:16-23, Neh. 9:1-2, Joel 2:12-13).

E. **För att hämta andlig styrka och vinna andliga slag**
(2 Krön. 20:1-4, Matt. 4:1-11).

F. **Att kuva köttet**
(1 Kor. 9:27, 1 Kor. 6:19-20).

G. **För att gå in i djup förbön**
(Esra 8:23, Dan. 10:2-3).

H. **För att uttrycka vår kärlek och innerliga tillbedjan till Gud** (Luk. 2:36-37).

I. **Att dröja inför Herren för att ta emot vägledning från den helige Ande** (Apg. 13:1-3, Apg. 14:23, Jak. 1:5).

J. **Som en förberedelse för andlig tjänst, och för att avskilja ledare** (Apg. 13:1-3, Apg. 14:23, Matt. 4:1-11).

De bibliska skäl som anges i denna lista har alla det gemensamt, att de är ett uttryck för beroendet och längtan efter mer av Jesus. De är ett uttryck för hjärtats hunger efter att lära känna Faderns kärlek på ett djupare plan och efter att formas till Kristuslikhet.

Min personliga erfarenhet av fasta

Jag har personligen blivit väldigt berikad av mina fasteperioder. Jag har sett många förunderliga genombrott under mina fastor, såväl i mitt eget personliga liv som i fråga om min tjänst för Gud. Plötsligt har stängda dörrar öppnats och oväntad favör kommit över vårt arbete. När vi fastar, väljer vi att avstå från vår fysiska aptit under en tid, för att i stället ge näring åt vår inre människa. Fastan öppnar för extra fokus och klarhet i vår relation med Gud. I vårt arbete har vi många gånger sett hur fastan har skärpt vårt andliga fokus på ett sätt som påtagligt har stärkt den vision Gud gett oss för vårt uppdrag.

I mitt personliga liv har jag på många olika sätt sett fördelar med fasta. När jag tagit tid för bön och fasta har jag upplevt befrielse från syndiga vanor, blivit löst från andlig bundenhet och upplevt inre helande och personlig upprättelse. Jag har också tagit emot mycket uppenbarelse från Herren under mina fasteperioder. Vi kan inte förtjäna favör från Fadern genom att avstå från mat men Han lönar oss när vi söker Honom helhjärtat. När vi fokuserar på Honom och ger Honom vår fulla uppmärksamhet, kommer Han oss till mötes på ett speciellt sätt!

Periodisk fasta som ett alternativ

De senaste åren har jag även valt att tillämpa periodisk fasta som min livsstil. Det innebär att jag endast äter under en viss tid på dagen, vanligtvis under kvällen. Jag äter under en period av fyra till sex timmar per dag och resten av dagen avstår jag från att äta. Jag älskar den klarhet i sinnet och inre frihet som periodisk fasta har gett till mig. Det har också gjort underverk för min hälsa. Jag kämpade under många år med både frosseri och övervikt. Detta orsakade en rad hälsoproblem för mig. Periodisk fasta har hjälpt mig bryta dessa skadliga mönster, och gett mig en mycket mer hälsosam livsstil. Detta är ett mycket bra alternativ för alla som vill tillämpa en fastande livsstil. Periodisk fasta har även många andliga och själsliga fördelar.

En balanserad syn på fasta

Det har funnits många religiösa föreställningar i samband med fasta. Därför är det viktigt att inse att fasta inte handlar om att förtjäna välsignelser och mer favör hos Gud. Det handlar om att fatta ett medvetet beslut att fokusera på Herren. Vi behöver ha detta i åtanke, eftersom fasta bara nämns ett fåtal gånger i Nya Testamentet. Ändå har fasta för en del blivit svaret på nästan allt i en troendes liv. Vi ska därför inte överdriva betydelsen av fasta, men inte heller förringa den. Jag vill här uppmuntra dig att än en gång läsa kapitel fyra. De sanningar du finner där är viktiga att hålla i minnet, speciellt om du kämpat med en lagisk inställning till fasta. Anledningen till att vi upplever välsignelse från Fadern efter en fasta, är inte att vi förtjänat något genom att avstå från mat. När vi fokuserar på Honom, öppnas våra hjärtan så att det blir lättare för oss att ta emot från Herren.

Jag fick vid ett tillfälle för många år sedan ta emot en profetisk hälsning från en äldre kvinna. Vid det tillfället fungerade hon som mentor till min fru och mig. På den tiden fastade jag väldigt mycket, men denna kvinna kom då med en hälsning från Herren: "Martin, Herren vill att du skall sluta fasta. Djävulen har gjort dina fasteperioder till ett religiöst ok och Jesus vill sätta dig fri från det"! Sedan bad hon för mig och bröt detta ok. Jag hade då gjort fastan till en lagisk prestation. Efter denna händelse fastade jag inte på över ett år. Idag har jag ett mycket mer balanserat sätt att tänka om fasta och mina fasteperioder är nu återigen till stor välsignelse.

Felaktiga motiv för fasta

Varje gång Jesus undervisar om andlig disciplin så betonar Han främst våra motiv. Han uppmanar oss att inte fasta för att andra skall se att vi är häftiga bönekrigare som bär "svart bälte i andlig krigföring". *"När ni fastar, se då inte dystra ut som hycklarna, som vanställer sina ansikten för att visa människor att de fastar. Jag säger er sanningen: De har fått ut sin lön"* (Matt. 6:16). Den fasta där vi vill framstå som andliga inför Gud och människor, kommer inte vara till någon nytta för oss (Jes. 58:4-5). Vi bör, om möjligt, göra vår fasta till något mellan oss och Gud. På det sättet blir vi inte frestade att försöka imponera på människor med vår fasta.

Jag älskar att praktisera min fasta på det sättet. Det känns alltid lika spännande att ha hemligheter, bara mellan mig och Far. Det är så vi bygger ett intressant liv i det fördolda tillsammans med Far. *"Nej, när du fastar, smörj in ditt huvud och tvätta ditt ansikte så att inte människor ser att du fastar, utan bara din Far som är i det fördolda. Då ska din Far, som ser i det fördolda, belöna dig"* (Matt. 6:17-18). Det är underbart att ha hemligheter tillsammans med Fadern, men vi behöver inte bli religiösa i våra ansträngningar att hålla fastan hemlig.

Tidigt i min vandring med Jesus trodde jag att jag skulle förlora min lön om någon fick veta att jag fastade. Detta ledde till många märkliga samtal, då jag blev otroligt kreativ i mina förklaringar till varför jag inte åt. Mina motiv att fasta var rätt så det fanns ingen anledning för oro. Det hade varit mycket bättre att nämna att jag fastade. Jesus är alltid ute efter motivet. Fastar vi inför Far eller för att framstå som mer andliga än vi är?

Vi ska heller inte fasta för att försöka tjäna poäng från Jesus. Att få vår lön av Gud är inte detsamma som att försöka köpslå om Hans godkännande med våra gärningar. Belöningar ges av nåd, eftersom vår himmelske Far älskar vara generös med sina gåvor.

Vårt motiv till att fasta bör vara att gensvara till Hans kärlek och en längtan att lära känna Honom. Vi behöver goda exempel som visar hur ett liv med Gud kan se ut. I Lukas evangelium hittar vi ett mycket gott exempel på en livsstil av fasta och bön.

Hanna tjänade Gud med fastor och böner

Profetissan Hanna hade redan hunnit bli en gammal kvinna, när Jesus ännu var ett litet barn som skulle bäras fram i templet. Hon var där när Josef och Maria anlände med Jesus. *"Där fanns också en profetissa, Hanna, Fanuels dotter av Ashers stam. Hon hade kommit upp i hög ålder. I sju år hade hon fått leva med sin man efter sin tid som jungfru, och nu var hon änka, åttiofyra år gammal"* (Luk. 2:36-37). Denna kvinna är ett bra exempel på en profetisk livsstil i bön och fasta. Trots att det inte står så mycket om henne, visar hon ändå vägen för var och en som är kallad till profetisk förbön och en fastande livsstil. Hon levde i templet och tjänade Gud på detta sätt. *"Hon lämnade aldrig templet utan tjänade Gud med fastor och böner natt och dag"* (Luk. 2:36-37). Tack vare sin intima närhet till Herren fick Hanna förmånen att se Jesus som spädbarn när Han bars fram i templet. Hanna bar på en uppenbarelse av Jesus som föddes i hennes fördolda liv med Far. *"Just i den stunden kom hon fram och prisade Gud och talade om honom för alla som väntade på Jerusalems frälsning"* (Luk. 2:38).

Gud reser idag upp människor som likt Hanna, tjänar Jesus och Hans folk i en livsstil av bön och fasta. När vi lever i det fördolda med Far genom en livsstil av bön och fasta, kommer vi också att bära en djup uppenbarelse av Jesus, med profetisk insikt i Guds planer och avsikter. Även om vi kan hitta många orsaker till att fasta, är det viktigaste syftet alltid att få tag på mer uppenbarelse om Jesus och att lära känna Faderns kärlek på djupare sätt.

Att fasta och betjäna Gud

I förra kapitlet såg vi hur vi kan tjäna Gud genom att förbli i Hans närhet. Där såg vi hur profeterna och lärarna i Antiokia tjänade Herren. Detta gjorde de genom att tillbringa tid i gemensam bön och fasta: *"När de tjänade Herren och fastade sade den helige Ande: Avskilj Barnabas och Saulus åt mig för den uppgift som jag har kallat dem till. Då fastade de och bad och lade händerna på dem och skickade sedan ut dem"* (Apg. 13:2-3). Profeterna och lärarna i församlingen kom samman i bön och fasta. När de på det sättet tillbringade tid i Hans närhet så talade den helige Ande till dem om att avskilja Barnabas och Paulus till deras kallelse som apostlar. Jag tror att vi kan finna en viktig princip här. När profeterna och lärarna lär sig att söka Gud tillsammans så kommer också den apostoliska tjänsten förlösas på ett starkt sätt. Det är kraftfullt att kombinera soaking och att vänta på Gud med fasta. Att avskilja en fastedag till att marineras i Faderns kärlek är alltid väl använd tid. Detta har varit mycket fruktbart för mig i min relation med Gud.

Att fasta och lyssna till Guds röst

Det är väldigt vanligt att människor tar emot uppenbarelse och vägledning från den helige Ande i samband med fasta. Detta var precis vad profeterna och lärarna i Antiokia fick vara med om. Den helige Ande ledde dem då att avskilja Barnabas och Paulus till den tjänst som Fadern hade förberett för dem (Apg. 13:2). Det innebär inte att den helige Ande måste övertygas om att tala till oss. Men ibland behöver vi rensa vårt sinne från livets stress för att urskilja Andens röst. Fasta är ett bra sätt att göra detta. När vi inte behöver fokusera på att laga mat och äta, får vi en hel del tid och energi att fokusera på Gud. Det gör det lättare för oss att höra vad Han har att säga.

Fasta för att avskiljas till tjänst

En annan viktig lärdom vi kan hämta från bön och fastedagen i Antiokia, handlar om fasta som en förberedelse för nya uppgifter i Guds rike. Ledarna i Antiokia fick instruktioner från den helige Ande att avskilja Barnabas och Paulus till tjänst. Därefter fastade de tillsammans. Sedan lade de händerna på dessa båda apostlar och sände i väg dem. De förberedde sig genom att fasta och be. Paulus och Barnabas praktiserade också bön och fasta, i samband med avskiljandet av äldste i församlingarna. *"I varje församling utsåg de äldste åt dem, och efter bön och fasta överlämnade de dem åt Herren som de hade kommit till tro på"* (Apg. 14:23). Det verkar ha varit den vanliga ordningen i den tidiga kristna församlingen att be och fasta som en förberedelse innan någon avskildes för ny uppgift i Guds rike.

Jesus fördes av Anden ut i öknen där Han fastade i fyrtio dagar som en förberedelse för sin tjänst. *"Sedan fördes Jesus av Anden ut i öknen för att frestas av djävulen. När han hade fastat i fyrtio dagar och fyrtio nätter blev han till slut hungrig"* (Matt. 4:1-2). Detta är en biblisk princip som vi kan praktisera som en förberedelse för nya uppgifter i Guds rike. Erfarenheten visar att det är fruktbart.

Jag har personligen valt att fasta som förberedelse varje gång jag har blivit avskild in i en ny tjänst i Guds rike. Under dessa fastor har jag alltid tagit emot uppenbarelse och en fräsch smörjelse för det arbete som legat framför mig. Gud gensvarar när vi avsätter tid till att fokusera på Honom, för att få vägledning inför de olika uppgifter som Han förberett för oss. Gud ger oss då den nåd och vishet vi behöver. Jesus är det bästa exemplet på det. Sedan Han fastat *"...återvände Jesus till Galileen, och ryktet om honom gick ut i hela området. Han undervisade i deras synagogor och fick lovord av alla"* (Luk. 4:14-15). Här kan vi finna ett bibliskt mönster. Jesus är vårt exempel och när vi förbereder oss för tjänst i bön och fasta, kommer vi att vandra i den Helige Andes kraft som Jesus gjorde.

Fasta och familj

När Paulus skriver sina brev till de olika församlingarna ger han en hel del praktiska råd gällande det vardagliga livet. Ett sådant råd lyfter bönens och fastans plats i äktenskapet. Han skriver då följande råd till gifta par i församlingen i Korint: *"Håll er inte ifrån varandra, utom möjligen för en tid med bådas samtycke för att kunna ägna er åt bönen. Kom sedan tillsammans igen så att Satan inte frestar er, eftersom ni inte kan leva avhållsamt"* (1 Kor. 7:5). Orsaken till att Paulus gav detta råd är att familjelivet i perioder kan vara både stressigt och krävande. Därför kan det vara en god idé att avskilja några dagar till bön och fasta, för att stilla ned sig och fokusera på Gud. Vår relation med Gud får inte bli en ursäkt till att inte ta hand om varandras behov av närhet, men det finns tillfällen när man och hustru gör väl i att avskilja några dagar i bön och fasta. Min fru och jag gör detta regelbundet och det är alltid fruktsamt. Gud ärar oss när vi avskiljer tid att fokusera på Honom. Det har välsignat både vårt äktenskap och våra barn. Familjen blir alltid uppbyggd när vi tillbringar tid i fasta och bön med Jesus.

Fasta och befrielse

Många har frågat mig om fastans koppling till befrielsetjänsten. Den frågan kommer vanligtvis från ett uttalande Jesus gjorde om detta i Matteus evangelium. Där läser vi om hur lärjungarna har misslyckats med att driva ut en demon ur en plågad liten pojke. De frågade Jesus varför de misslyckats med detta och fick svaret: *"Därför att ni har så lite tro. Jag säger er sanningen: Om ni har tro, bara som ett senapskorn, ska ni säga till det här berget: Flytta dig dit bort, och det kommer att flytta sig. Ingenting kommer att vara omöjligt för er"* (Matt.17:20). Sedan följer en vers som vissa översättningar har inkluderat i texten, medan andra tar upp den som en fotnot. Så här lyder den versen: *"Men den sorten drivs bara ut genom bön och fasta"* (Matt. 17:21). Anledningen till att vissa översättningar inte inkluderar denna vers i texten, är för att den saknas i många av de äldsta handskrifterna. Detsamma gäller även när vi läser om samma händelse i Markus evangelium (Mark. 9:29).

Även om Jesus har sagt detta, bör vi komma ihåg att Han i så fall gjorde det innan korset. Det är viktigt att ha detta i åtanke, för på korset besegrade Jesus djävulen och gjorde honom maktlös (Kol. 2:15). Vi lever nu på andra sidan korset där Jesus har delegerat sin fulla auktoritet till oss (för mer om detta ämne, se min bok *Förvandlad genom Guds nåd*). Det innebär att vi inte längre måste be och fasta för att kunna kasta ut demoner. Vi har nu auktoritet över mörkrets rike som Guds barn. Men det finns några härliga löften om välsignelser kopplat till att fasta inför Herren. Vi hittar ett antal sådana löften i ett hos profeten Jesaja. I nästa kapitel ska vi titta närmare på dessa löften.

KAPITEL 10:
FASTANS VÄLSIGNELSER I JESAJA 58

I Jesaja bok finner vi ett helt kapitel som visar på många av de underbara välsignelser och löften som kommer med en fastande livsstil. Jag syftar då på kapitel 58 i Jesaja bok. I detta kapitel skall vi studera dessa löften och välsignelser lite djupare, men först är det bra om vi förstår varför denna fråga kom upp. Det hela börjar med att Guds folk klagar över att Gud inte verkar ha noterat att de fastar:

Varför fastar vi när du inte ser det? Varför späker vi oss när du inte märker det? Men se, på er fastedag sköter ni era sysslor och driver alla era arbetare hårt. Ni håller er fasta med gräl och bråk, ni slåss med onda nävar. Ni fastar i dag inte på sådant sätt att er röst blir hörd i höjden (Jes. 58:3-4).

Fasta är ingen magisk formel. Bara för att vi avstår från att äta och i stället ber mer, finns ingen garanti för att Gud ger oss vad vi vill ha. Fastan är tänkt att vara en relationell vana som hjälper oss att fästa vår uppmärksamhet på Fadern. Genom att ägna oss åt det kan vi anknyta till Hans vilja och koppla ihop med Honom i vad Han gör. I förra kapitlet såg vi att det är en väldigt dålig idé att fasta för att skaffa sig extra poäng hos Gud. Vi har redan Hans favör och vi är älskade och välsignade av Honom.

Fasta är ett sätt för oss att förena oss med Fadern så att Hans välsignelser kan förlösas i vårt liv. Det är så vi gör vår röst hörd i höjden. Eftersom vi redan har blivit satta med Honom i himlen, handlar detta helt enkelt om att bära fram våra önskningar inför Fadern. Gud var inte imponerad av den fasta som folket i Juda praktiserade, eftersom de hade gjort det till en lagisk gärning och ett religiöst skådespel: *"Är det en sådan fasta jag vill ha, en dag då människan ödmjukar sig? Att man hänger med huvudet som ett sävstrå och sitter i säck och aska, kallar du det en fasta, en dag som behagar Herren?"* (Jes. 58:5).

Den fasta Herren vill ha

Efter att ha talat om varför Gud inte är imponerad av deras fasta, fortsätter Jesaja med att förklara vilken sorts fasta Gud vill ha:

Nej, detta är den fasta jag vill ha: Lossa orättfärdiga bojor, lös okets band, släpp de förtryckta fria, bryt sönder alla ok! Dela ditt bröd med den hungrige, ge de fattiga och hemlösa en boning, klä den nakne när du ser honom och dra dig inte undan för den som är ditt kött och blod (Jes. 58:6-7).

Den fasta som berör Guds hjärta består av två viktiga saker. Den skänker frihet till de betryckta, och förvandlar våra hjärtan så att vi uppfylls av Jesu medkänsla och barmhärtighet. De band och ok som Jesaja nämner här är en bild av demoniskt betryck och andliga bojor. När vi fastar ska vi alltid förvänta oss att få se ett större mått av vår frihet i Kristus, eftersom smörjelsen bryter allt betryck.

Att bryta bröd med den hungrige och bereda hem åt den hemlöse har förstås en bokstavlig tillämpning men det är också en bild av att dela evangeliet med den andligt hungrige. Det gör vi genom att leda den hemlöse hem till Faderns hus. Att klä den nakne är att vara uppfylld av den kärlek som övertäcker en myckenhet av synder och upprättar den fallne (1 Petr. 4:8). Vårt mål bör alltid vara människors helande och upprättelse från den skada synden och personliga misslyckanden orsakat. Gud längtar alltid efter upprättelse och när vi sträcker oss efter det under vår fasta, kan spännande saker ske i människors liv!

Fördelarna med fasta

Jag vill nu lista några av de välsignelser som utlovas i Jesaja 58 när vi håller den fasta som behagar Gud. Alla de välsignelser vi hittar här är en del av vårt arv som Guds barn, de är ingenting vi förtjänar genom vår bön och fasta. Dessa välsignelser förlöses när vi samarbetar med Fadern genom att ge Honom vår kvalitetstid, och när vi låter Honom forma våra liv. Här är fastans välsignelser enligt Jesaja 58:

- **Uppenbarelse och kunskap** *"Då ska ditt ljus bryta fram som gryningen..."* (Jes. 58:8).

- **Helande och upprättelse** *"... och ditt helande ska växa fram med hast"* (Jes. 58:8).

- **Beskydd och säkerhet** *"Din rättfärdighet ska gå framför dig, och Herrens härlighet följa i dina spår"* (Jes. 58:8).

- **Svar på våra böner** *"Då ska Herren svara när du åkallar honom. När du ropar, ska han säga: Här är jag"* (Jes. 58:9).

- **Befrielse från mörker och natt till ljus och klarhet** *"Om du gör dig av med alla ok, om du slutar att peka finger och tala onda ord, om du delar med dig av vad du har åt den hungrige och mättar den som lider nöd, då ska ditt ljus gå upp i mörkret och din natt bli som middagens ljus"* (Jes. 58:9-10).
  Du har säkert noterat att detta löfte kommer med ett villkor. Vi ska titta närmare på detta i nästa kapitel.

- **Förnyad styrka och andligt liv** *"Och Herren ska alltid leda dig, han ska mätta dig i ödemarken och ge styrka åt benen i din kropp. Du ska vara som en vattenrik trädgård och likna en källa vars vatten aldrig sinar"* (Jes. 58:11).

- **Smörjelse och nåd till upprättelse** *"Dina avkomlingar ska bygga upp de gamla ruinerna, du ska återställa grundvalar från forna generationer. Du ska kallas "den som murar igen sprickor", "den som återställer stigar så att man kan bo i landet* (Jes. 58:12).

Under mina fastor kommer jag ofta tillbaka till detta kapitel. Jag tackar Gud för dessa välsignelser och i tro proklamerar jag att de ska förlösas i mitt liv. Jag har sett många av dessa välsignelser i mitt liv de senaste åren, ändå tror jag på en större uppfyllelse av dem framöver. Det finns mycket frihet och glädje i att samarbeta med Jesus i bön och fasta, speciellt när vi förstår alla de fördelar och välsignelser vi får ta emot när vi gör det.

Fasta och frihet från ok och bojor

I förra kapitlet såg vi att vi inte skaffar oss mer auktoritet genom att fasta. Jesus har redan besegrat djävulen på korset, och vi har nu auktoritet att kasta ut demoner (Luk. 10-18-20). Men det finns ännu något att säga om fasta och frihet från andligt betryck. När vi fastar blir vi mer andligt känsliga och fokuserade på Gud. Det gör det lättare för oss att urskilja hur vi ska be för människor som är i behov av befrielse. Det handlar inte om att vinna mer andlig auktoritet, utan om att vara ledd av den helige Ande i hur vi använder vår auktoritet. Detta är anledningen till att så många troende kommer in i helt nya dimensioner av frihet under fastan. Detta är den typ av fasta som behagar Far. Tidigare i detta kapitel upptäckte vi att den fasta som Fadern önskar, är den fasta som leder till att den betryckte blir fri: *"Nej, detta är den fasta jag vill ha: Lossa orättfärdiga bojor, lös okets band, släpp de förtryckta fria, bryt sönder alla ok!"* (Jes. 58:6). Under perioder av fasta vill den helige Ande ge insikt i områden av betryck i vårt liv och leda oss in i en större personlig frihet.

Jag hade en stark upplevelse av detta för många år sen. Under den tiden var jag betryckt av fruktan och jag var också plågad av fattigdomsmentalitet. Detta hindrade mig från att bära den frukt som Gud ville ge mig, såväl i min tjänst som i mitt personliga liv. Jag hade kommit in under ett ok av fruktan och betryck. Under en fasteperiod kände jag mig ledd Anden att bryta bojor och ok på dessa områden. Effekten visade sig faktiskt med en gång. Jag blev mycket frimodigare och mycket mer fri över lag, än jag hade varit förut. Dessutom förlöstes mer ekonomisk välsignelse och favör i mitt liv. Detta hade en dramatisk effekt på mig, och jag började leva ut min frihet i Kristus på ett mycket starkare sätt.

Fasta och helande

Det finns tydliga fysiska och mentala fördelar med fasta. När vi har blivit lösta från betryck blir vi också helade och upprättade i vårt inre. Vi läser från Jesaja 58 igen: *"Då ska ditt ljus bryta fram som gryningen och ditt helande växa fram med hast. Din rättfärdighet ska gå framför dig och Herrens härlighet följa i dina spår"* (Jes. 58:8). Många gånger när jag varit i fasta, har jag upplevt djup helande beröring av Faderns kärlek. Mitt hjärta och min själ har då blivit upplivade, och nytt liv från himmelen har då uppfyllt min inre människa. När vi tillbringar fokuserad tid med Jesus så är detta oundvikligt. Att bara vara i Hans närvaro och omslutas av Hans kärlek är en djupt läkande erfarenhet. Jag har tagit emot många vittnesbörd från människor som sett tydliga genombrott i frihet och helande i samband med fasta.

Vem ska inte fasta?

Som vi redan sett betraktar Jesus fasta som en normal del av varje troendes liv. Det betyder att i princip är fasta något för alla. Men det finns några människor som bör vara försiktiga med fasta.
I en del fall bör man inte fasta överhuvudtaget. Till exempel om någon har medicinska förhållanden som gör att det inte går att

fasta. Människor som kämpar med ätstörningar skall inte heller fasta. Om någon planerar en längre fasta, kan det vara en bra idé att be en doktor om råd, för att avgöra vilken typ av fasta som är bäst.

Att inte ha möjlighet att fasta innebär inte att man missar Guds välsignelser. Vi måste komma ihåg att fasta inte är en metod för att förtjäna Guds välsignelser. Som vi redan sett, har vi fått del av all Guds välsignelse i fullt mått. Om fasta från mat kan vara skadligt för din hälsa så kan du be den helige Ande visa dig ett annat sätt att samarbeta med Honom. Kom ihåg att poängen är vår relation med Jesus.

Hur man kan fasta

Jesus uppmuntrade sina lärjungar att fasta men Han gav inte så många instruktioner om hur det skulle gå till. Ändå finns det ett antal praktiska nycklar som hjälpt mig och jag vill dela några av dem med er:

1. **Börja med en mindre fasta.**
    Som alltid när man startar nya vanor är det bäst att börja med att ta små steg. Att börja med att fasta från ett eller två mål mat är en bra början. När jag började praktisera fasta gjorde jag så. När jag sedan vande mig vid kortare fasta, utökade jag längden på mina fastor. Vi skall också komma ihåg att längre fastor är inte automatiskt bättre. Vi bör alltid följa Andens ledning när vi ska planera våra fastor. Börja i det lilla och se var resan med fasta tar dig.

2. **Bestäm dig för en lämplig dag.**
    Det är lättare att fasta en dag då du kan undvika sådant som distraherar. Se till att du bestämmer dig för en dag, då du inte måste delta i ett lunchmöte eller någon annan social aktivitet som innebär att ni samlas kring en måltid.

Då undviker du onödiga frestelser och du kan använda den tid som vanligtvis skulle vara avsatt till att förbereda och äta mat till bön i stället.

3. **Be den helige Ande om ledning.**
Jag har märkt att den helige Ande ofta ger mig ett visst tema eller bibelord för mina fastor. Jag vill alltid gå in i mina fastor väl förberedd. Därför brukar jag fråga den Jesus i förväg om Han vill ge något speciellt tema, eller andra instruktioner gällande fastan. Be gärna om temat och instruktioner för din fasta dagen före.

4. **Meditera och be över Jesaja 58.**
Jag tar ofta tid till att fokusera på Jesaja 58 och de löften och välsignelser som räknas upp där. Det har hjälpt mig att förbli ett med Faderns hjärta när jag fastar. Det väcker också min tro på att de välsignelser som räknas upp där skall förlösas i mitt liv. Jag rekommenderar att du läser Jesaja 58 åtminstone en gång om dagen under fastan.

5. **Inled och avbryt fastan på ett bra sätt.**
Innan du inleder en längre fasta så bör du tala med din läkare för att förstå hur din kropp påverkas. Innan du skall inleda en längre fasta är det bra att gradvis minska matintaget några dagar. Välj då mat som är lättsmält så att din kropp får chansen att vänja sig vid fastan. När du bryter din fasta gör du likadant, men i motsatt riktning. Börja med att äta små portioner av mat som är lättsmält, och gå sedan sakta tillbaka till dina normala matvanor. När det gäller fastor upp till tre dagar kan du vanligtvis sluta äta när fastan börjar, för att sedan äta normalt igen när du bryter den.

6. **Periodisk fasta.**
    Som jag nämnde tidigare praktiserar jag periodisk fasta.
    Det innebär att jag endast äter under en viss period varje
    dag. Detta är mycket populärt just nu. Att äta under fem
    eller sex timmar per dag och avstå från mat under resten
    av dagen ger många fördelar, både andligt och mentalt.
    Det styrker oss också fysiskt. Jag rekommenderar alla att
    pröva periodisk fasta. Det är lätt att finna material på
    nätet om periodisk fasta. Du kan också finna poddar och
    böcker som ger bra kunskap om periodisk fasta.

7. **Stå fast vid den tid du bestämt dig för att avskilja för
    fasta.** Din överlåtelse till fastan kommer att prövas. Om
    du inte är van vid att fasta, kommer din kropp emellanåt
    att skrika efter mat. Hunger kommer i vågor under din
    fasta. Ett gott råd är att dricka mycket och att utföra vissa
    fysiska aktiviteter. Jag har alltid en flaska vatten med
    mig under fasteperioden och jag tar promenader ett par
    gånger om dagen. Det gör att min hunger släpper.

KAPITEL 11:
FÖRBÖNENS GLÄDJE

Ett av de kraftfullaste sätten att samarbeta med Faderns kärlek, är att gå in i en förbön som är ledd av den helige Ande. Att be för vår församling och de människor Jesus lägger på vårt hjärta, gör stor skillnad. Genom bönen förlöser vi Guds rike på jorden så att fler människor kan bli förvandlade av Faderns kärlek. Som alltid är Jesus vårt stora exempel och föredöme i detta: *"Vem är det som fördömer? Kristus Jesus är den som har dött, ja, än mer, den som blivit uppväckt och som sitter på Guds högra sida och vädjar för oss"* (Rom. 8:34). Jesus är nu uppstånden och sitter på Guds högra sida. I sin tjänst som vår store överstepräst, ber Jesus ständigt för sitt folk. Denna förbönstjänst är nu Hans viktigaste fokus och en stor del av Hans tjänst i den himmelska världen. *"Därför kan han också helt och fullt frälsa dem som kommer till Gud genom honom, eftersom han alltid lever för att be för dem"* (Hebr. 7:25). Allt eftersom vi formas till att bli lika Jesus, blir vårt hjärta alltmer förvandlat till att likna Hans eget hjärta. Hans passion och intressen blir då också våra. Det innebär att när vi växer i Kristuslikhet, fylls vi med längtan att för våra bröder och systrar.

Friheten i att finnas där för andra

Att vara en förebedjare betyder att vi ber för människor, vilket i sin tur betyder att vi står med dem. Det finns en underbar frihet i att stå tillsammans med människor. En stor börda faller från vår rygg när vi inser att vi inte behöver bära en negativ, eller kritisk attityd gentemot Kristi kropp. Vi får lämna all vår irritation och dömande attityder mot församlingar och dess ledare vid korset. Det är mycket roligare att stå med våra bröder och systrar i bön.

Vi tillhör samma lag och deras segrar är våra segrar, liksom deras utmaningar också är våra. Genom våra böner kan vi bana väg för Guds vilja å deras vägnar.

När jag hör om troende som upplever väckelse och välsignelse, ber jag Gud välsigna dem ännu mer. När jag hör om troende som går igenom utmaningar så ber jag Gud att styrka dem. När jag hör om misslyckanden, synd eller brustenhet i Kristi kropp, ber jag att helande och upprättelse ska ske. Att be för bröder och systrar är ett stort privilegium, för vi får då vara med och förlösa Guds kärlek och kraft in i deras liv. Det har varit en mycket stor glädje att växa i förbön för Guds folk, men samtidigt känns det som en börda som Herren lagt på mitt liv. Därför finns ett allvar i bönen. Jag håller helhjärtat med profeten Samuel i den hållning han har gentemot Israels folk: *"Aldrig att jag skulle synda så mot Herren att jag slutar be för er"* (1 Sam. 12:23). Jag skulle se det som en stor synd att inte kontinuerligt bära allt Guds folk i förbön, eftersom jag vet hur dyrbara vi alla är för Fadern. Det berör Faderns hjärta på djupet när vi ber för Kristi kropp.

Himlen tar allvarligt på förbön

Vi såg i ett tidigare kapitel hur hela himlen tillber Lammet, och hur de himmelska varelserna hela tiden ärar Fadern. Men vid ett särskilt tillfälle tystnade hela himmelen i vördnad för det som då skulle ske: *"När Lammet bröt det sjunde sigillet, blev det tyst i himlen i omkring en halvtimme. De sju basunerna Och jag såg de sju änglarna som står inför Gud, och de fick sju basuner"* (Upp. 8:1-2). För att lovprisningen och tillbedjan i himlen skulle tystna så länge måste något mycket betydelsefullt äga rum. Det är förunderligt att det finns något som rör Fadern så djupt, att allt blev tyst i himlen en halvtimme. Vad var det som orsakade denna tystnad? Vi finner svaret här:

Och en annan ängel kom och ställde sig vid altaret med ett rökelsekar av guld. Han fick mycket rökelse att lägga tillsammans med alla de heligas böner på guldaltaret framför tronen. Och röken från rökelsen steg från ängelns hand tillsammans med de heligas böner upp inför Gud (Upp. 8:3-4).

När Jesus bröt det sjunde sigillet steg de heligas böner upp inför Gud och hela himlen såg tyst på medan detta hände. Vår bön och lovprisning inför tronen är mycket dyrbara för Fadern. De vidrör Hans hjärta på ett sätt som går för djupt att kunna uttrycka i ord. Alla himmelska varelser vet detta och av respekt för den helighet som präglade det här ögonblicket höll de tyst. När svaret på våra böner slungas till jorden, skakas hela den himmelska världen av Guds kraft. *"Och ängeln tog rökelsekaret, fyllde det med elden från altaret och kastade ner det på jorden, och det blev åska, dån och blixtar och jorden skakade"* (Upp. 8:5). Genom bön och tillbedjan har vi makt att påverka världen på ett påtagligt och kraftfullt sätt. Att besvara våra böner är av högsta betydelse för Fadern eftersom vi är Hans barn. Detta kanske låter lite dramatiskt, men som vi ska se – bön är inte komplicerat och vi har en Hjälpare som är väldigt bra på att leda oss när vi går in i förbön.

Att inte veta hur vi ska be

Ibland säger människor till mig att de inte är bra på att be och att de därför överlåter bönen till de "professionella bönekrigarna". Men sanningen är att ingen av oss vet hur vi egentligen borde be. Paulus skriver: *"Så hjälper också Anden oss i vår svaghet. Vi vet inte vad vi borde be om, men Anden själv vädjar för oss med suckar utan ord"* (Rom. 8:26). Den helige Ande vädjar för oss med ordlös bön. Han hjälper oss att be genom att leda oss i bönen. Anden ber själv genom oss. Vi kommer aldrig bli bra förebedjare genom att lära oss hur vi skall be. Vi blir förebedjare genom att lära känna den helige Ande.

Det är en bra början att inse att vi inte är så bra på att be, när vi vill växa i förbönstjänst. Det kommer nämligen mycket plats åt den helige Ande att leda oss när vi går in i förbön. Anden är vår Hjälpare, och en del av Hans tjänst är att hjälpa oss i vårt böneliv.

Att be utifrån vår auktoritet i Kristus

Eftersom vi lever i det Nya förbundet och Jesus redan vunnit en fullständig seger på korset, ber vi inte för att vinna det andliga slaget. Vi ber i stället utifrån en position av seger och auktoritet. Djävulen är redan besegrad och alla härskarna och makterna har avväpnats på korset (Kol. 2:15, Luk. 10:18-20). Jesus har givits all auktoritet i himlen och på jorden och Han har delegerat all denna auktoritet till oss (Matt. 28:18-20). Av den anledningen behöver vi aldrig någonsin ifrågasätta vem som kommer att vinna. Jesus har redan vunnit. Han är vår Överstepräst som alltid ber för oss. Vi är Hans kungar och präster som är kallade att proklamera och deklarera Hans seger i hela den andliga världen. *"Ni är ett utvalt släkte, ett kungligt prästerskap, ett heligt folk, ett Guds eget folk för att förkunna hans härliga gärningar, han som har kallat er från mörkret till sitt underbara ljus"* (1 Petr. 2:9).

Vi är Hans kungliga prästerskap och vår uppgift som präster är att bära Guds folks börda till Fadern i bön. Vår uppgift som Hans kungar är att använda vår delegerade auktoritet till att ta tillbaka ockuperad mark från en redan besegrad fiende. Eftersom vi står med Jesus i Hans auktoritet, råder och regerar vi med Honom. Vi är kallade att proklamera Hans seger i den andliga världen, och har blivit satta att göra djävulens gärningar om intet (1 Joh. 3:8). Jesus är inte bara vår Överstepräst, Han är också Kungarnas Kung och vi är Hans kungabarn. Detta är anledningen till detta *"...på sin mantel och på sin höft har han ett namn skrivet: Kungarnas Kung och Herrarnas Herre"* (Upp. 19:16). Som barn till Gud är vi arvingar till Guds rike och Jesus är vår Kung och Herre.

Bärande varandras bördor

*Bröder, om någon skulle ertappas med en överträdelse, då ska ni som är
andliga människor med mild ande upprätta honom. Men se till att inte
du också blir frestad. Bär varandras bördor, så uppfyller ni Kristi lag.
Den som tycker sig vara något fast han ingenting är, han bedrar sig
själv* (Gal. 6:1-3).

Hjärtat hos en förebedjare är att betjäna och sträcka sig ut till de
betryckta och slagna i förbön. I våra förböner bär vi deras bördor
till Fadern, genom att be Honom gripa in å deras vägnar. Själv är
jag välsignad med ett team av förebedjare som står med mig och
delar bördan av min tjänst genom att be för vårt arbete. När jag
ser förebedjarnas hjärtan, ser jag Kristuslika hjärtan. Den som har
lärt sig att gå in i förbön i den helige Ande kommer att vara villig
att förlåta och upprätta den som har fallit i synd och behöver nåd.
Vi bör ta Johannes råd till våra hjärtan när han uppmuntrar oss
att be för de bröder och systrar som snärjts i synd: *"Om någon ser
sin broder begå en synd som inte leder till döden, då ska han be och Gud
ska ge honom liv. Detta gäller dem vilkas synd inte leder till döden"* (1
Joh. 5:16). Om vi fokuserar på att be för våra bröder och systrar i
Herren kommer vi inte ha tid att analysera deras fel och brister.
Då dör alla kritiska kommentarer och dömande attityder snabbt.
Eftersom förbönen föds ur hjärtats brustenhet och vissheten om
det egna behovet av förlåtelse och nåd, kommer inte den kritiska
anden kunna slå rot i våra hjärtan. Vårt fokus blir i stället att bära
varandras bördor.

Att vända vår kritik till bön och ta emot helande

Som jag nämnde i föregående kapitel, talar Jesaja 58 om den sorts
fasta som är Gud välbehaglig. En av de ting som vi uppmuntras
att omvända oss ifrån där är: *"att peka finger och tala onda ord"* (Jes.
58:9). Att peka finger är en bild av kritiska attityder och felaktiga
domar, eller till och med en symbol för en kritisk ande. När vi

skaffar bort detta från våra liv, kommer helande att växa fram och vi blir fruktsamma och starka i Herren (Jes. 58:6-12). Om vi behöver helande och upprättelse är vägen till detta alltid bön för andra människor. Job är ett utmärkt exempel på detta. Han blev upprättad av Herren, när han bad för sina vänner. *"Och Herren återupprättade Job när han bad för sina vänner. Herren gav Job dubbelt så mycket som han hade haft förut "* (Job 42:10). När Job bad för sina vänner blev han inte endast upprättad till samma nivå av favör, rikedom och välsignelse som han haft förut. Gud välsignade Job med en dubbel arvslott av allt detta

Jag är övertygad om att *"peka finger och tala onda ord"*, är en av de största anledningarna till att Kristi kropp har varit så kraftlös och ineffektiv i upprättelsetjänst. Kritiska attityder är orsaken till att vi sett så lite helande hos dem som varit sårade ibland oss. Jag är också fullt övertygad om att detta kommer att förändras. När vi formas till Kristuslikhet och i takt med Hans liv blir synligt i oss, kommer smörjelsen att upprätta de slagna och resa upp de fallna vila över oss som aldrig förr. Men för att det ska ske, behöver vi omvända oss från orättfärdiga domar och kritiska attityder. Då kommer vi att få upprättelse och överflöd från himlen!

De två rösterna i den himmelska världen

Vi läste i början av detta kapitel hur Jesus är vår förebedjare som ständigt ber och manar gott för oss (Rom. 8:34, Hebr. 7:25). Detta betyder att han lägger fram vårt fall i den himmelska rättssalen, där Han alltid talar för oss. Jesus är vår advokat som pläderar till vårt försvar, men tyvärr finns det också en annan röst som alltid anklagar och kritiserar oss. Det är Satans röst. Han är åklagaren. Uppenbarelseboken talar om honom på följande sätt: *"… för våra bröders åklagare är nerkastad, han som dag och natt anklagade dem inför vår Gud. De övervann honom genom Lammets blod och genom sitt vittnesbörds ord, de älskade inte sitt liv så högt att de drog sig undan döden"* (Upp. 12:10-11). Satan är brödernas åklagare och på motsvarande sätt som Jesus alltid går i förbön för oss, anklagar Satan oss dag och natt. På grund av Jesu blod har alla anklagelser mot oss ogiltigförklarats. Satan har därför inte längre någon legal rätt att anklaga oss men han gör det ändå, i hopp om att bedra oss och få oss att tro på hans anklagelser.

Att samarbeta med rätt ande

Detta är anledningen till att kritik är en så pass stor sak för Gud. När vi har ett kritiskt hjärta gentemot andra troende och håller på våra domar mot dem, samarbetar vi med djävulen. Om vi ger röst åt kritik och anklagelser gentemot troende så förlöser vi ett andligt betryck genom våra ord. Våra ord är mäktiga och de har förmåga förlösa antingen död eller liv över människor. Detta är orsaken till att helande och upprättelse har begränsats i Kristi kropp. För att förändra det behöver vi få bort all kritik och orätta domar från våra sammanhang. Låt oss i stället koppla med Jesus genom att gå in i förbön för våra bröder och systrar. När Faderns kärlek tränger in i våra hjärtan på ett djupare sätt, föds en längtan i våra hjärtan att bli Kristuslika. Som vi har sett innebär detta att vi får passion för att be för Kristi kropp, till dess vi alla vandrar i fullheten av allt som Gud har planerat för oss.

Bön som förlöser återupprättelse

Jakob uppmanar oss att bekänna våra synder för varandra och be för upprättelse. *"Bekänn därför era synder för varandra och be för varandra så att ni blir helade. Den rättfärdiges bön har stor kraft och verkan"* (Jak. 5:16). Jag har många gånger hämtat styrka från den sanning som uppenbaras i denna bibeltext. Jag har befunnit mig i situationer då jag har begått synd och som en följd av det blivit sårad och bruten. När jag har talat med en av mina vänner eller en själavårdare och har omvänt mig från mitt misslyckande, har de bett för mig så att jag har blivit helad. Det har också funnits stunder när jag har väntat längre än jag borde med att be om förbön. Det har gjort att jag dragit ut på mitt lidande mer än nödvändigt. Ibland behöver vi någon annans bön som förmedlar helande och upprättelse när vi har fallit. Detta är speciellt sant när vi plågas av vissa återkommande vanesynder och svagheter. Det kan vara svårt att bryta dessa mönster själv, men när vänner står med oss i bön så kommer ett genombrott som gör att vi blir renade från syndens skada. Det är en underbar förmån att ha vänner som står med oss i bön. Vi kan nämna många exempel på hur en bedjande person eller församling, kan förlösa Guds vilja på ett mäktigt sätt. Vi ska titta på några sådana exempel i nästa kapitel.

KAPITEL 12:
FÖRBÖNSTJÄNSTENS
VÄLSIGNELSER

Vi ska fortsätta vårt studium av förbönstjänsten genom att läsa om ett antal bibliska exempel, där människor gav sig till denna tjänst. Dessa exempel är både inspirerande och uppmuntrande. I deras liv ser vi den ljuvliga frukt som kommer av ett liv i förbön. I föregående kapitel definierade vi själva hjärtat i förbönstjänsten och kom fram till att det är Kristuslikhet. Det är spännande att läsa om människor som levde ut förbönens hjärta på ett kraftfullt sätt. De lever på ett sätt som återspeglar Kristus. Vi kommer nu att titta på några sådana exempel. De visar hur vi kan vara med och förlösa Guds kärlek och kraft i bön, så att Guds vilja kan ske.

Epafras – förebedjare och församlingsplanterare

Jesus är förstås vårt främsta exempel på ett liv i förbön. men det finns en man vid namn Epafras som alltid varit min personliga hjälte på det området. Paulus skriver följande om honom:

Epafras, som är en av er, hälsar. Han är en Kristi Jesu tjänare som ständigt kämpar för er i sina böner, för att ni ska stå fasta, fullkomliga och fullt övertygade om hela Guds vilja. Jag kan intyga hur hårt han arbetar för er och för dem i Laodicea och Hierapolis (Kol. 4:12-13).

Det är inte mycket information som ges om Epafras i Bibeln. Men vi vet att han var engagerad i församlingsplanteringen i Kolosse, och att han undervisade och tränade de troende där (Kol. 1:7). Senare var han också en medfånge till Paulus (Filemon 1:23). Vad vi säkert vet är att Epafras var en förebedjare och att han är ett exempel på en förebedjare som har förvandlats till Kristuslikhet. Eftersom hans hjärta hade förvandlats genom att han lärt känna Jesus Kristus delade Epafras den börda och det engagemang som

Jesus har för sin kropp. Det var detta som fick honom att stå fast så troget i bön för de troende i Kolosse, för att de skulle växa i mognad. Förbön flödar alltid från ett Kristuslikt hjärta. När Guds kärlek fortsätter att verka inom oss, kommer vi också dela hans längtan efter en mogen brud. Den givna responsen till att vi delar Hans börda är att vi ger oss själva till förbönstjänst för detta.

Bibliska exempel på förebedjare

Det finns många andra inspirerande exempel på förebedjare och bönekrigare i Bibeln. Även om vårt utrymme är alltför begränsat för att studera deras liv i detalj här vill jag nämna dem. När du läser igenom denna lista rekommenderar jag att du tar tid i bön. Be om ljus och uppenbarelse över de bibelställen som lyfter fram dessa underbara bönehjältar och deras livsöden. Vi kan lära oss mycket värdefullt om bön genom att läsa om deras liv och insikt i förbönens kraft:

- **Abraham** köpslog med Gud för att inte Guds dom skulle drabba Sodom och Gomorra, men framför allt ville han att de rättfärdiga personer som fortfarande antogs finnas i staden, skulle räddas från undergången. Trots att dessa städer i praktiken redan var dömda och förstörda, ser vi hur Abraham hade en sann förebedjares hjärta. Han gav aldrig upp om dessa städer (1 Mos. 18:20-33).

- **Mose** ledde Israels folk i tillbedjan till Gud genom deras 40 år i öknen. Vi läser också hur hans förböner fick Gud att ändra sig och visa nåd till Israel (2 Mos. 17:8-13, 32:11-14, 30-33, 4 Mos. 14:11-20, 5 Mos. 9:13-18).

- **Hanna** var en ofruktsam kvinna, men efter enträgen bön kunde hon föda en son som fick namnet Samuel. Samuel växte upp, och blev en av de största profeterna i Israel. Hannas hängivna bön födde fram denna tjänst. Samuels tjänst berörde hela Guds folk så att det profetiska ordet återigen blev vanligt i Israel. Guds folk kunde återigen höra Guds ord (1 Sam. 1:1-28).

- **Samuel** bad mycket för Guds folk. Vi har redan tittat på hur profeten Samuel såg det som en synd, ifall han skulle sluta be för folket (1 Sam. 12:23).

- **Elia** bad och inget regn föll i Israel under tre och ett halvt år, men sedan bad han igen och då började regnet falla omedelbart. Jakob understryker att profeten Elia var en vanlig människa som vi. Men det finns stor makt i en enda rättfärdig mans bön (1 Kung. 18:41-46, Jak. 5:16-18).

- **Profetissan Hulda** bad och profeterade över kung Josia, om hans framtid, och exilen för Juda land. Hon blev en viktig person i Kung Josias liv. (2 Krön. 34:20-28).

- **Esra** gick in i förbön och representerade Guds folk i en bön av omvändelse. Det ledde till att folket omvände sig från blandäktenskap med hedningar (Esra 9:6-15).

- **Nehemja** bad för upprättelse av Guds folk och staden Jerusalem. Han bad om favör för sin plan att återvända till Jerusalem för att leda återupprättelsen av staden och folket. Som ett resultat av detta, fick Nehemja leda ett starkt arbete av upprättelse (Neh. 1:1-11).

- **Job** bad för sina vänner och när han bad, blev han själv upprättad och välsignad också (Job. 42:10).

- **Daniel** gav sig själv till bön och fasta för att de profetiska löftena som Jeremia gav skulle uppfyllas (Dan. 9:1-19).

- **Hanna** tjänade Gud med bön och fasta dag och natt i templet (Luk. 2:36-37).

- **Aposteln Paulus** bad mycket, både för de församlingar han själv planterade och alla de församlingar som hade planterats av hans vänner. Du kan finna några av Paulus böner i hans brev (Ef. 1:16-19, 3:14-20, Fil. 1:9-11, Kol. 1:9-12).

Det finns fler goda exempel på förbönstjänsten i Bibeln, men jag ville inkludera denna lista som en resurs för fortsatta studier. Historien om Guds folk har formats av människor som levde i förbön. I Nya Testamentet finner vi åtskilliga exempel på det. Till och med aposteln Paulus bad om förbön vid åtskilliga tillfällen.

Förbön förmedlar frimodighet och visdom till vår predikan

Paulus uppmanar oss till ständig bön: *"...gör detta under ständig bön och åkallan och be alltid i Anden. Var därför vakna och håll ut i bön för alla de heliga"* (Ef. 6:18). Här uppmuntrar Paulus oss att be med uthållighet. En engelsk översättning säger att vi skall *"be med alla olika typer av bön"*. Dessa olika typer av bön inkluderar några av de andliga discipliner vi studerar i denna bok. Exempel på dessa är tillbedjan, soaking, fasta och intensiv förbön. Vi behöver ha ett rikt böneliv som innehåller många olika uttryck.

Paulus går vidare med att be om personlig förbön och han gör det genom att lyfta fram en viktig princip gällande tjänst för Gud. Han ville att de troende i Efesus skulle be för alla de heliga men också *"...för mig, att ordet ges mig när jag öppnar min mun, så att jag frimodigt förkunnar evangeliets hemlighet för vilket jag är en ambassadör i bojor. Be att jag talar så öppet och fritt som jag bör"* (Ef. 6:19-20, se också Kol. 4:2-4, 2 Tess. 3:1). Paulus visste att deras förbön skulle förlösa mer frimodighet och himmelsk visdom in i hans tjänst. När vi ber för våra missionärer och evangelister så kommer Jesus att förse med överflödande himmelsk visdom och frimodighet. Det gör predikandet av evangeliet ännu effektivare och mer kraftfullt.

Bön för frimodighet och mirakel under förföljelse

"Och nu, Herre, se hur de hotar oss! Hjälp dina tjänare att frimodigt förkunna ditt ord, genom att du räcker ut din hand och låter helande, tecken och under ske genom din helige tjänare Jesu namn" (Apg. 4:29-30). Detta var den förbön som församlingen i Jerusalem bad som en reaktion på förföljelsen från det religiösa ledarskapet i staden. Deras reaktion var inte att be försiktiga böner eller att be Gud avstyra förföljelsen. De bad om frimodighet att få predika ännu mer effektivt, och att Fadern skulle ge dem ännu mer under och tecken. Att döma av det gensvar de fick, kan vi vara säkra på att Gud gillar frimodig bön av det slaget. *"När de hade bett skakades platsen där de var samlade, och de uppfylldes alla av den helige Ande och förkunnade Guds ord med frimodighet"* (Apg. 4:31). Idag blir en del personer nervösa när vi ber för människor som skakar under Guds kraft, men här började hela byggnaden skaka när Fadern utgöt mer av den helige Andes kraft över sina barn!

Bön för kungar och alla i ledande ställning

Vi är kallade att leva lugna och stilla liv. För att detta ska vara möjligt, behöver politiska ledare vishet till att leda och styra våra länder. Paulus uppmuntrar oss därför till bön med följande ord: *"Först av allt uppmanar jag till bön, åkallan, förbön och tacksägelse för alla människor, för kungar och alla i ledande ställning, så att vi kan leva ett lugnt och stilla liv, på alla sätt gudfruktigt och värdigt. Detta är gott och rätt inför Gud, vår Frälsare"* (1 Tim. 2:1-3). Det är viktigt att vi inser att enbart klagan över alla felaktiga beslut som vår regering fattar, inte kommer att förändra något till det bättre. Faktum är att det kommer att göra det värre. Att släppa in kritik i hjärtat är att samarbeta med fel ande, men vi har stor möjlighet att påverka politiska beslut genom att be för länder och deras regeringar. När vi gör det kan Gud verka på dem och lägga ned sin visdom i våra ledares och politikers hjärtan. Jag uppmuntrar dig att avsätta tid att be för ledarna i ditt land, liksom för andra politiska ledare i vår värld. Som Kristi kropp kan vi påverka beslut från ledare och makthavare genom att gå in i bön för dem.

Förbön som bringar fruktsamhet och glädje

I mina andra böcker har jag ganska utförligt konstaterat hur Jesus har kallat oss till ett fruktbärande liv med bestående frukt. Att bära frukt hänger ihop med vår förbön. *"Ni har inte utvalt mig, utan jag har utvalt er och bestämt er till att gå ut och bära frukt, och er frukt ska bestå. Då ska Fadern ge er vad ni än ber honom om i mitt namn"* (John 15:16). Det är för att Jesus har bestämt att vi ska bära frukt som Fadern ska ge oss allt vad vi ber om.

Vägen till att bära frukt går genom bön. Det är på den vägen som Fadern ger oss den frukt som Jesus har lovat. Ändå är det alltför många troende som inte ser någon förblivande frukt i sina liv. Detta beror på att fruktbärande inte som sker av sig själv. När vi samarbetar med Gud i bön kommer den utlovade frukten att visa sig. Vi bör alltid be stora och frimodiga böner, för det är sådana böner som förlöser rik och bestående frukt: *"Vad ni ber Fadern om i mitt namn, det ska han ge er. Hittills har ni inte bett om något i mitt namn. Be och ni ska få, så att er glädje blir fullkomlig"* (John 16:23-24). Samma bönesvar som gör oss fruktbärande, gör också att vår glädje blir fullkomlig. Genom att leva i bön bär vi bestående frukt och får del av fullkomlig glädje från himmelen.

Uthållig tro och bön

"Jesus berättade för dem en liknelse för att visa att de alltid ska be utan att tröttna" (Luk. 18:1). Vi ser här att det är viktigt för Jesus att vi

lär oss att be uthålligt, för ibland ser vi inte resultaten så snabbt som vi väntat oss. Det är då vi kan bli frestade att ge upp vår bön. För att illustrera betydelsen av att hålla ut i bön, berättar Jesus en liknelse om en desperat kvinna som envisades med att varje dag gå till en domare, för att plädera för rättvisa och beskydd (Luk. 18:2-6). Domaren i fråga fruktade inte Gud och hade heller ingen respekt för människor. Först var han helt ovillig att hjälpa henne, men eftersom hon var så envis så gav han till slut upp. Han insåg att han inte skulle få denna kvinna att backa från att utkräva sin rätt. Så hon fick det hon bad om. Jesus avslutar sedan liknelsen så här: *"Skulle då inte Gud skaffa rätt åt sina utvalda som ropar till honom dag och natt? Han lyssnar tålmodigt till dem. Jag säger er: Han ska snart skaffa dem rätt. Men ska Människosonen finna tron på jorden när han kommer?"* (Luk. 18:7-8). På samma sätt som Jesus alltid lever för att be för oss, kan vi som hans utvalda ropa till honom dag och natt.

Vår uthålliga bön i tro kommer bli besvarad och vi kommer att få rättvisa. Ur Faderns perspektiv betyder rättvisa att vi får del av alla de välsignelser som Jesus har vunnit åt oss genom korset. Jesus avslutade sin liknelse med att fråga om Människosonen ska finna bestående tro på jorden när Han kommer. Mitt svar är: Ja! Jesus kommer finna sådan tro i våra liv. Låt oss leva en livsstil av förbön som förlöser Faderns kärlek över hela världen!

Bön och tro

Vi har sett på hur betydelsefullt det är att vara uthållig i bönen. Ändå har vi alla mött människor som har varit både trofasta och uthålliga i sina böner under många år, men ändå inte har sett så stora resultat. Uthållighet är inte nog. Jesus söker efter både tro och uthållighet. *"Utan tro är det omöjligt att behaga Gud, för den som kommer till Gud måste tro att han finns och att han lönar dem som söker honom"* (Hebr. 11:6). Vår tro behagar alltid Gud när vi söker Honom helhjärtat. Han kommer att belöna vår tro.

Tro är inte att känna till bibliska fakta, utan tro är *"en övertygelse om det man hoppas, en visshet om ting som man inte ser"* (Hebr. 11:1). Sann tro är alltid baserad på Guds löften, och de välsignelser vi har fått i Kristus. Tron på Gud ger oss frimodighet i bönen. Jesus avslöjar hur kraftfullt det är att be i tro här: *"Därför säger jag er: Allt vad ni ber om och begär, tro att ni har fått det, så ska det bli ert"* (Mark. 11:24). För att veta vilka privilegier och välsignelser vi har i Kristus behöver vi mer andlig insikt. När den helige Ande lyser upp våra hjärtan kommer tron och då blir våra böner besvarade.

Att föda fram ny vision och genombrott i bön

En stor del av de resultat vi ser i vår tjänst idag, är frukten av vår uthålliga bön. Jag kommer ihåg när jag arbetade i en församling, i ett litet samhälle långt uppe i norra Sverige. Jag kände då en stor börda för all smärta och brustenhet i Kristi kropp. Ibland tillbringade jag dagar på mitt kontor, för att be för ett genombrott i vår tjänst i förbön för inre helande. Jag gick egentligen bara hem för att sova. Under resten av dagen var jag i förbön. Jag bad om att få att se Kristi kropp upprättad. Jag är övertygad om att en den frukt vi idag ser i vårt arbete med helande och upprättelse, är ett resultat av det arbete vi gjorde i bön alla dessa år. Detta var aldrig en lagisk börda för oss, eftersom vår förbön var inspirerad av Faderns kärlek och en längtan efter att se mer av helande och upprättelse i Kristi kropp. Jag skulle kunna ge er många fler exempel på detta, men ännu bättre är om du själv ber och får egna vittnesbörd! Det är ett privilegium och en stor glädje att få samarbeta med Fadern och föda fram visioner och genombrott genom kraftfull förbön.

Att odla en livsstil av innerlig förbön

Att hänge sig åt förbön kommer att ge ett mycket spännande liv. Vi har möjlighet att utöva ett stort inflytande på världen genom vår uthålliga bön. Här följer några tips på hur du kan växa i ditt böneliv:

1. **Att känna Jesu hjärta.**
   All målmedveten bön börjar med att våra hjärtan formas efter Hans så att Han kan dela sina önskningar med oss. Det Jesus längtar efter mer än något annat är en mogen och upprättad brud. När vi delar Hans längtan kommer det att leda oss in i hängiven bön, tills vi ser alla Guds planer och löften med sitt folk helt uppfyllda. När Guds kärlek flödar i våra hjärtan så föds en innerlig bön i vår ande som ett gensvar på Hans kärlek.

2. **Lyssna till och följ den helige Andes ledning.**
   I början av det förra kapitlet konstaterade vi att ingen av oss riktigt vet hur vi ska be, men den helige Ande hjälper oss genom att leda oss och be genom oss. Vi ska förvänta oss den helige Andes ledning i bön. När Han leder oss att be för ett visst område så kan vi flöda med den helige Ande och gå på Hans ledning. Då blir bönen ett äventyr varje gång!

3. **Vända kritik till förbön.**
   När jag märker att jag har en kritisk och dömande attityd gentemot någon, har jag utvecklat en vana att ta extra tid att be för den personen. Jag ber att den helige Ande skall uppenbara deras identitet i Kristus för mig så att jag kan se dem genom Faderns ögon. Detta har renat mitt hjärta från en dömande och kritisk attityd. Jag har upptäckt att jag är mycket mindre kritisk och mycket snabbare att be

för människor nu för tiden. Det finns så mycket av frihet och glädje i att stå tillsammans med människor.

4. **Att älska Kristi kropp.**
   Vi behöver få tag på samma hjärta och passion för Kristi kropp som Jesus själv har. I takt med att jag har vuxit i kärlek till Kristi kropp, har jag sökt Herren i bön mer än någonsin för att vi ska nå fram till full mognad i Kristus.

5. **Att leva med en vision av en helad och upprättad församling.**
   I kapitlet om mission tar jag upp mer om bön gällande mission, evangelisation och den stora skörd som väntar, men här fokuserar vi på bön för Kristi kropp. Jag har ofta studerat Bibeln, läst böcker, och lyssnat till undervisning om upprättelsen av Kristi kropp. Anledningen till det är att jag vill få en vision av hur den upprättade och mogna bruden ska se ut. När jag har sett mer av Guds tanke med bruden, har jag insett hur långt vi har kvar för att nå dit. Därför har mina böner för Kristi kropp blivit ännu mer intensiva och uthålliga än förut. Jag är övertygad om att vi kommer att se en upprättad och förhärligad brud här på jorden innan Jesus kommer tillbaka!

KAPITEL 13:
TALA ORD SOM FÖRMEDLAR NÅD

För att förmedla Faderns kärlek till människor behöver vi bygga upp goda vanor som hjälper oss att förmedla helande och frihet. Ett sätt att göra detta är genom de ord vi talar. Jesus lovar att det vi talar i tro kommer att ske: *"Ha tro på Gud! Jag säger er sanningen: Om någon säger till det här berget: Lyft dig och kasta dig i havet, och inte tvivlar i sitt hjärta utan tror att det han säger ska ske, då kommer det att ske för honom"* (Mark 11: 22-23). Det talade ordet är otroligt kraftfullt. Gud själv skapade universum genom sitt Ord. Genom hela Bibeln kan vi läsa om den *"... Gud som ger liv åt de döda och kallar på det som inte är till som om det var till"* (Rom. 4:17). Eftersom vi är skapade till Hans avbild så är våra ord mer än bara redskap för att kommunicera.

Våra ord är bärare av andlig kraft och kan till och med flytta berg. Jesus sa att vi ska få vadhelst vi proklamerar ut när vi talar från ett hjärta fullt av tro. Vi bör vara medvetna om att våra ord har makt att bygga upp och förmedla nåd till den som lyssnar på oss (Ef. 4:29). Vi har fått auktoritet från Jesus att förlösa antingen liv eller död över människor och olika situationer genom våra ord. Genom att proklamera Guds Ord i tro, förlöser vi Guds makt att hela, befria och upprätta på ett kraftfullt sätt. Därför behöver vi fatta ett beslut att alltid tala sanning i kärlek med målet att trösta, uppbygga och uppenbara Faderns hjärta.

Tro och ord

Detta innebär inte att allt vi talar ut och proklamerar kommer att hända automatiskt. Vi har nog alla proklamerat sådant som varit i linje med Guds löften, utan att se det manifesteras i våra liv. Det är bekännelsen från ett hjärta fyllt av tro som förlöser Guds kraft. Paulus skriver så här:

För om du med din mun bekänner att Jesus är Herren och i ditt hjärta tror att Gud har uppväckt honom från de döda, ska du bli frälst. Med hjärtat tror man och blir rättfärdig, med munnen bekänner man och blir frälst (Rom 10:9-10).

Vi blir frälsta genom att ha rättfärdiggörande tro i våra hjärtan och genom att bekänna Jesus som Herre. Det är i enlighet med denna andliga princip som våra ord förlöser Guds mirakelkraft. När vi talar ut vad vi tror i våra hjärtan, kommer vi att få vadhelst vi säger. Det är trons ande. *"Men vi har samma trons Ande som i skriftordet: Jag tror, därför talar jag. Även vi tror, och därför talar vi"* (2 Kor. 4:13). Tro förlöses genom ord och tro föds i våra hjärtan. Detta leder oss tillbaka till en viktig princip: *Allt Guds verk med oss börjar alltid i vårt hjärta.*

Tro börjar med våra hjärtan

Sann tro är alltid byggd på uppenbarelse från den helige Ande. Vi kan inte skapa tro i egen kraft. Sann tro föds bara i gemenskap med Gud. När den helige Ande uppenbarar Guds Ord för oss, blir vårt hjärta upplyst så att vi kan se det som Gud ser (Ef. 1:17-19). Det är så vi tar emot uppenbarelse och tro är alltid byggd på uppenbarelse. *"Alltså kommer tron av predikan och predikan genom Kristi ord"* (Rom. 10:17). När vi hör och läser Guds Ord, föds tron i våra hjärtan. Vi är beroende av den helige Andes uppenbarelse för att tro skall födas. Anledningen att denna undervisning har blivit missförstådd och tillämpad på ett fel sätt, är att den ibland har kopplats bort från gemenskapen med Gud. Detta leder till lagiskhet och hopplösa försök att övertyga sitt inre om något vi egentligen inte tror på. Det är bara när vi talar ut det vi fått tro för i gemenskap med Far som mäktiga ting kan hända!

Lär dig att uppmuntra dig själv i Herren

Vi kan stärka och uppbygga vår inre människa genom att tala ut Guds löften över våra liv. David gjorde detta ofta. Han hade lärt sig att tala till sin själ. *"Varför så bedrövad, min själ, varför så orolig i mig? Hoppas på Gud. Jag ska åter få tacka honom, min frälsning och min Gud"* (Ps. 42:6). Det var så David styrkte sig själv i Herren. Vi kan inte lita på att andra människor alltid kommer att finnas där med ett uppmuntrande ord. Ibland får vi möta dagar fyllda av besvikelse och ensamhet. De goda nyheterna är att vi då kan uppmuntra oss själva i Herren. I Psalmen vi citerade, läser vi ett exempel på hur David talade till sin själ att prisa Herren. David gjorde detta för att påminna sig att hjälpen kommer från Herren. Det finns ett annan psalm, där vi ser hur David talar till sin själ och påminner sig själv att välsigna Herren, och att komma ihåg Hans goda gärningar. *"Lova Herren, min själ! Hela mitt inre, prisa hans heliga namn! Lova Herren, min själ, och glöm inte allt gott han gör"* (Ps. 103:1-2).

Vi kan följa Davids exempel och regelbundet påminna oss själva om Guds godhet. Det är lätt att glömma Guds godhet, speciellt när vi möter problem eller när vi går igenom tuffa tider. Men det är genom att känna Faderns hjärta och tala Guds löften som vi bryter igenom i svåra omständigheter. Vi behöver påminna oss om de genombrott och mirakler vi tidigare upplevt tillsammans med Jesus. Dessa är vittnesbörd om Guds rika nåd gentemot oss. David fortsätter med att räkna upp hur han upplevt Guds godhet och kärlek i sitt liv: *"Han förlåter dig alla dina synder och botar alla dina sjukdomar, han friköper ditt liv från graven och kröner dig med nåd och barmhärtighet, han mättar ditt begär med sitt goda så att du blir ung på nytt som en örn"* (Ps. 103:3-5). Vi kan uppmuntra oss själva genom att prisa Herren för alla de under vi sett, och tacka Honom för de välsignelser Han ger.

Min erfarenhet av profetiska proklamationer

Jag uppmuntrar mig själv i Herren genom att proklamera Guds löften över mitt liv varje dag. Varje gång den helige Ande visar mer av sina planer för mitt liv eller när jag får ett profetiskt tilltal, skriver jag ner det som en profetisk deklaration. Jag har gjort en lista av dessa trosbekännelser och jag börjar alltid min dag med att tala ut dessa över mitt liv och omständigheter. Många av de löften från Gud jag har proklamerat ut genom åren har idag blivit verklighet. Det var så jag började skriva böcker.

I många år tog jag emot profetiska ord om att skriva och jag visste att det var den helige Ande som talade. Mitt problem var bara att skrivande alltid hade varit svårt för mig. Jag lyckades bara inte få till det. Jag hade försökt ett par gånger men det hade alltid slutat med att jag gav upp, vanligtvis innan jag ens hade avslutat första sidan. Att skriva en hel bok kändes helt omöjligt men den helige Ande fortsatte tala till mig om detta. Till slut började tro växa i mitt hjärta och jag insåg att jag en dag skulle kunna skriva en bok. Jag skrev deklarationer i tro om att skriva böcker som uppenbarar Faderns hjärta. Jag började tala ut detta över mitt liv varje morgon. Med tiden förnyades mitt sinne och jag fick tag på smörjelsen att skriva. Jag hakade på den helige Andes flöde. Nu har jag redan skrivit två böcker och denna blir min tredje. För bara några år sedan hade detta varit helt omöjligt för mig, men proklamationer i tro har makt att flytta berg!

Begränsa vårt tal

Eftersom våra ord bär med sig all denna makt och auktoritet, behöver vi disciplinera vår tunga. Ju mer vi lär oss att kontrollera vårt tal, desto färre problem kommer vi att ha. Eftersom jag gillar att processa mina tankar verbalt och min tjänst handlar om att kommunicera, har detta blivit en viktig fråga för mig. Jakob ser ut att hålla med mig. Han har mycket att säga om den potentiella skada en odisciplinerad tunga kan orsaka. Han jämför den med en destruktiv eld: *"Och tungan är en eld, en värld av ondska bland våra lemmar. Den smutsar ner hela vår kropp och sätter hela livet i brand och får själv sin eld från Gehenna"* (Jak. 3:6). Vårt tal kan bryta ned vårt inre liv och dessutom besmitta de människor som hör oss tala.

Detta är orsaken till att Jesus talade om ord som gör oss orena. Det är omöjligt för oss att ta itu med detta problem i egen kraft. *"Alla slags fyrfotadjur, fåglar, kräldjur och vattendjur låter sig tämjas och har blivit tämjda av människan. Men tungan kan ingen människa tämja, den är ostyrig och ond och full av dödligt gift"* (Jak. 3:6-7). Vi behöver hjälp med att tämja vår tunga. De goda nyheterna är att vi inte är utlämnade till oss själva i den ansträngningen. Jesus bor i oss och Han vill inta varje del av vårt liv. Detta inkluderar även vårt tal. När vi låter Jesus tygla vår tunga, kommer vårt tal fyllas av Andens frukt (Gal. 5:22-23). Jesus både kan och vill hjälpa oss tämja vår tunga så att vårt tal förmedlar nåd och liv från Fadern. Han gör det genom att döpa oss i den helige Andes eld.

Tungor av eld

Jakob jämför alltså tungan med en eld. Han använder inte den bilden av en slump. När den helige Ande utgöts på Pingstdagen, visade sig tungor av eld som ett tecken på lärjungarnas huvuden. *"Tungor som av eld visade sig för dem och fördelade sig och satte sig på var och en av dem. Alla uppfylldes av den helige Ande och började tala främmande språk, allteftersom Anden ingav dem att tala"* (Apg. 2:3-4). Vårt tal kommer att bli annorlunda när vi blir fyllda med den helige Ande. Detta är en av anledningarna till att det är en sådan stor välsignelse att tala i nya tungor. Den helige Ande använder då tungotalet för att tygla vårt tal. Det är slående att lärjungarna började tala i tungor när de blev fyllda med den helige Ande. När våra ord fylls med Kristi liv, kommer mirakler att förlösas genom våra ord.

Jesajas möte med Herren

Något av det första som händer när vi börjar bygga vårt liv med Jesus är att vi blir överbevisade om allt orent tal och skvaller som finns i våra liv. Profeten Jesaja hade en upplevelse av just detta. I en syn såg han Herren sittande på sin tron. När Han fick skåda Herrens härlighet blev Han genast överbevisad om sin orenhet: *"Då sade jag: Ve mig, jag förgås! För jag är en man med orena läppar och jag bor bland ett folk med orena läppar, och mina ögon har sett Kungen, Herren Sebaot"* (Jes. 6:5). När Jesaja fick denna syn hade han redan kommit in i sin profetiska tjänst. Ändå kämpade han fortfarande med att tygla sin tunga, och när han tillbringade tid med Gud så blev han överbevisad om det. De goda nyheterna är att överbevisning alltid leder oss till omvändelse och mer renhet. Överbevisning lämnar oss aldrig i fördömelse, utan för till Jesus som sätter oss fri. Han har redan en lösning på problemet:

Då flög en av seraferna fram till mig. I hans hand var ett glödande kol som han hade tagit från altaret med en tång. Med det rörde han vid min mun och sade: När detta har rört vid dina läppar är din skuld borttagen och din synd försonad (Jes. 6:6-7).

Jesaja renades från sitt orena tal så att han kunde bli sänd till Guds folk med ett förnyat budskap om omvändelse, upprättelse och frihet. Med detta genombrott kom en helt ny frimodighet och längtan att gensvara till Gud. Därför gensvarade Jesaja genast på Guds kallelse: *"Och jag hörde Herrens röst. Han sade: Vem ska jag sända? Och vem vill vara vår budbärare? Då sade jag: Här är jag, sänd mig!"* (Jes.6:8).

Renad genom Jesu blod

Precis som Jesaja, behöver vi bli renade från orena läppar lite nu och då. De goda nyheterna är att vi lever i det Nya förbundet och att vi redan tagit emot total förlåtelse och genom Jesu blod kan vi ta emot rening hela tiden. Hans blod tvättar oss rena och när Jesus döper oss i den helige Ande och eld, blir vårt tal renat. Våra ord blir då fyllda av den helige Andes smörjelse och vi blir fyllda med ny frimodighet, så att vi kan predika evangeliet med glädje. Vår renhet och frimodighet bygger på Kristi kors och den helige Andes kraft. När vi predikar Guds Ord, kommer mirakler att ske och människor kommer att bli förvandlade genom Guds kärlek!

Ord som bygger upp och förmedlar nåd

Vi förmedlar alltid något till vår omgivning när vi talar och det är viktigt att vi är medvetna om det. Detta ger oss stor möjlighet att påverka vår omgivning i olika riktningar. Därför skrev Paulus till församlingen i Efesus: *"Låt inga smutsiga ord komma över era läppar, utan bara det som är gott och bygger upp där det behövs, så att det blir till glädje för dem som hör det"* (Ef. 4:29). Vi kommer alltid att tala utifrån vårt hjärtas överflöd (Matt. 12:34). Det som finns i vårt hjärta kommer förr eller senare att bli vårt liv. Detta är en av anledningarna till att det är en så stor välsignelse att den helige Ande har utgjutit Faderns kärlek i våra hjärtan (Rom. 5:5). När vi förblir i Hans kärlek kommer vi att tala ord som är fyllda av Hans kärlek och nåd. Det är därför vi kan ta till oss Paulus uppmaning: *"Ert tal ska alltid vara vänligt, kryddat med salt, så att ni vet hur ni ska svara var och en"* (Kol. 4:6). Dessa ord förmedlar Hans kärlek till vår omgivning och det är vad Bibeln kallar vist tal. Vi ska nu se lite närmare på några av de egenskaper som kännetecknar en vis tunga.

Att tala ord som skänker liv

Vi har makten att förmedla både liv och död genom våra ord. *"Av munnens frukt blir magen mättad, man mättas av läpparnas skörd. Tungan har makt över död och liv, de som gärna brukar den får äta dess frukt"* (Ordsp. 18:20-21). Mina mest smärtsamma erfarenheter i livet har att göra med att människor talat ord av död in i mitt liv. Men det är också så att några av mina absolut finaste minnen är förknippat med när människor uppmuntrat mig och talat liv från Jesus. Vi får alltid en skörd på de ord vi talat. Våra ord är frön, och vi behöver lära oss att tala ord som ger den skörd vi vill ha. Vi har redan sett i tidigare kapitel, hur orden från Jesus Kristus förmedlar liv och andlig substans när de tas emot med ett öppet hjärta. Om vi låter Faderns kärlek att forma och genomsyra vårt tal, kommer våra ord också förmedla liv från Jesus.

Ord som förmedlar läkedom

Det har varit intressant att studera Ordspråksboken gällande vårt tal. Det ger en hel del insikt i skillnaden mellan att tala vishet och dårskap. Här är ett exempel på detta: *"Tanklösa ord kan hugga som svärd, men de visas tunga ger läkedom"* (Ordsp. 12:18). Visa ord skänker helande till ett nedbrutet hjärta och tröstar de människor som lider. Ord som förmedlar helande är en frukt som kommer från livets träd. *"En läkande tunga är ett livets träd, en falsk tunga ger hjärtesår"* (Ordsp. 15:4). Om vi skapar en atmosfär där vi talar ut helande och liv till varandra, bygger vi en kultur av kreativitet och mod. Det är så Jesus talar. Han förmedlar alltid visdom och hopp. Om vi kritiserar och talar negativt skapar vi modlöshet och hopplöshet. Detta är djävulens språk. Han är vår åklagare som alltid vill påminna oss om våra fel och brister. Det gör han för att göra oss modfällda och få oss att ge upp. Som troende är vi alltid kallade till att skänka helande och hopp. Vi bör därför använda vårt tal till att bygga upp, uppmuntra och skänka upprättelse. *"Milda ord är som rinnande honung, ljuva för själen och en läkedom för kroppen"* (Ordsp. 16:24). När vi förmedlar milda ord från Gud, förlöser vi läkedom till trasiga hjärtan och kroppar.

Mjuka och vältajmade ord

Något annat som är karaktäriserar vist tal, är att det består av ord som talas på ett mjukt sätt i rätt tid. *"Ett mjukt svar stillar vrede, sårande ord väcker harm. De visas tunga ger god kunskap, dårars mun flödar av oförnuft"* (Ords. 15:1-2). Vår kultur har blivit en kultur, driven av ilska och fruktan. Genom att observera hur människor kommunicerar med varandra, både i livet och på nätet, kan vi konstatera att tonen ofta är både hård och väldigt respektlös. Det är med andra ord ett dåraktigt tal.

Vi har möjligheten att förmedla tröst genom att ge ett mjukt svar som vänder bort vrede och förmedlar helande. Att svara på ett mjukt sätt handlar inte enbart om hur vi talar, utan också om bra tajming. *" Man blir glad när man kan ge svar, hur gott är inte ett ord i rätt tid"* (Ords. 15:23)! Vi behöver urskilja när de vi talar till är öppna för att ta del av det vi vill förmedla, för det är bara då vårt tal kan bygga upp. Det handlar om att ha visdom att urskilja rätt tid att ge svar. Ordspråksboken jämför ord med smycken: *"Som guldäpplen i silverinfattning är ord som talas i rätt tid. Som en ring av guld och ett gyllene smycke är en vis förmanare för ett lyssnande öra"* (Ords. 25:11-12). Den helige Ande är en mästare på att ge rätt ord i rätt tid. Han vet exakt när och hur Han ska komma till tals med oss. Han vill hjälpa oss att disciplinera vårt tal så att våra ord återspeglar Jesu Kristi ord. När så är fallet, kommer våra ord att förmedla liv, helande och upprättelse till en trasig värld. Detta är evangeliets språk.

Ett Kristus-centrerat tal

Att odla ett vist tal börjar alltid i vårt hjärta. Det vi tillåter växa i våra hjärtan kommer förr eller senare ut genom vårt tal. Därför förlöser vi alltid vårt inre liv till vår omgivning. Detta är orsaken till att Paulus uppmuntrar oss: *"Låt Kristi ord rikligt bo hos er med all sin vishet. Undervisa och förmana varandra med psalmer, hymner*

och andliga sånger och sjung till Gud med tacksamhet i era hjärtan"
(Kol. 3:16). När vi fyller våra liv med evangeliet så är vårt hjärta
uppfyllt med de goda nyheterna om Jesus Kristus. Detta kommer
ta sig uttryck i hur vi talar. En vis person låter sitt tal formas av
Jesus. När Paulus skriver att vi ska undervisa varandra i psalmer,
hymner och andliga sånger, talar han inte om att vi ska gå och
sjunga hela tiden. Vad Paulus säger är att när vårt tal är fyllt med
Kristi ord, blir det en form av lovprisning som både bygger upp
människor och på samma gång ger ära till Gud. Vi har ett gyllene
tillfälle att gensvara till Faderns kärlek genom att låta Kristi ord
– evangeliet – bo rikligt ibland oss. Eftersom evangeliet är Guds
kraft kommer detta slags tal förlösa frihet, hälsa och frälsning till
världen.

Jesus är vår bekännelses Överstepräst

Hela himlen backar upp oss när vi bekänner och deklarerar Guds
löften över våra liv. Detta är faktiskt en viktig del av Jesu tjänst
som vår himmelska Överstepräst. *"Därför, ni heliga bröder som har
fått del av en himmelsk kallelse, se på Jesus, den apostel och överstepräst
som vi bekänner oss till"* (Hebr. 3:1). När vi talar ut och bekänner
Hans ord så bär Jesus fram vår bekännelse inför Fadern, och då
förlöses Guds kraft för oss. Det är ett sådant stort privilegium att
få samarbeta med Jesus genom att förlösa Hans liv och kärlek in
i denna värld. Genom att proklamera Hans Ord, bygger vi upp
Guds församling och förlöser frälsning och frihet till vår jord.

146

Att lära sig tala ord som förmedlar nåd

Hur vi vårdar vårt tal är ett område där vi alla behöver växa. Jag är övertygad om att jag antagligen behöver växa mer än de flesta på detta område. Men det är ändå några principer som har hjälpt mig under vägen och jag vill dela dem med dig här och nu:

1. **Låt Kristi Ord bo rikligt i ditt hjärta.**
   Eftersom det som finns i vårt hjärta alltid kommer ut så handlar vårt tal alltid om hjärtat. Det vi tillåter att växa i vårt inre liv kommer att bli vårt liv. Därför bör vi se till att vi kontinuerligt hör, läser och tar del av evangeliet så att vårt hjärta fylls med Jesu Kristi goda nyheter.

2. **Överlåt din tunga och ditt tal till den helige Ande.**
   Vi har redan sett att vi inte kan tämja vår tunga själv, men vi kan inbjuda den helige Ande att hjälpa oss. Han är en gentleman som inte kommer att tvinga sin vilja på oss, men om vi inbjuder Honom att hjälpa oss vårda vårt tal så vill Han hjälpa oss med det. Då kommer Andens frukt att bli synlig genom vårt tal och våra ord förlöser då Guds kraft.

3. **Lyssna till människor som talar liv.**
   Det är en underbar välsignelse att ha människor runt sig som talar ord fulla av nåd, liv och tro. Jag vill vara med sådana människor. Jag umgås med dem, följer dem på sociala medier, lyssnar på deras poddar och läser deras böcker. Vi behöver vara på vår vakt vilka röster vi tillåter i våra liv. Min rekommendation är att du omger dig själv med människor som talar liv från Jesus.

4. **Håll dig borta från dumt tal.**
Många människor är helt omedvetna om hur mycket de påverkas av de människor som de lyssnar till. På sociala medier blockerar jag alltid människor som talar negativt och kritiskt om andra kristna. Även om det de säger är sant, behöver jag inte veta om sådant som berör andra tjänster eller församlingar, som jag inte kan påverka. Jag släpper inte in vänner i min inre krets om de är upptagna med det som är negativt och bryter ner, för jag vill alltid förbli en positiv och Jesus-fokuserad människa.

5. **Lär dig att tala trons språk.**
När jag blev frälst och hörde undervisning om kraften i våra ord, insåg jag att jag hade blivit fostrad att tänka och tala på ett väldigt negativt sätt. Det var svårt för mig att bryta den vanan. För att göra detta, gjorde jag en lista med proklamationer, byggda på Guds löften. Jag talade ut dessa över mitt liv och omständigheter varje dag. Den vanan har blivit kvar hos mig. Jag börjar alltid min dag med att proklamera Guds löftena över mitt liv.

KAPITEL 14:
ATT DRÖMMA MED GUD

Vår Far har stora drömmar och planer för oss. Han vill att vi ska samarbeta med Honom genom att bli ett folk som berör nationer och utbreder Guds rike över hela jorden. Vår Fader är en visionär och drömmare. Eftersom vi är Hans barn är det naturligt för oss att leva med Guds drömmar och visioner. Detta är en del av vår förstfödslorätt som Hans barn. Att leva visionärt är en viktig del av ett liv i samarbete med Kristi kärlek. Gud talar till oss genom drömmar och visioner. I själva verket är detta att drömma med Gud och att leva med en vision, ett direkt resultat av ett andefyllt liv. Hans närvaro fyller vårt hjärta med drömmar och visioner.

Och det ska ske i de sista dagarna, säger Gud, att jag utgjuter av min Ande över allt kött. Era söner och era döttrar ska profetera, era unga ska se syner och era gamla ska ha drömmar. Ja, över mina tjänare och tjänarinnor ska jag i de dagarna utgjuta av min Ande, och de ska profetera (Apg. 2:17-18).

Det är viktigt att förstå hur den helige Ande talar. Jag har mött många troende som väntar på Guds tilltal, men eftersom de har svårt att våga tro på att deras drömmar och visioner har kommit från Gud, följer de inte sina drömmar fullt ut. Ändå är drömmar och visioner ett av de viktigaste och vanligaste sätten den helige Ande använder för att tala till oss. Jag har alltid sett möjligheten att både följa och fullfölja mina drömmar som en av de vackraste gåvorna Fadern har gett mig. Denna gåva är ett starkt uttryck för Hans kärlek till oss. Att fullfölja våra drömmar och visioner är en stor del av vad det innebär att vara fri i Kristus. Vi är nu lösta från felaktiga begränsningar och kan leva det spännande liv som vi har fått från Far.

Skapade till att drömma stort

Eftersom vi har en Frälsare som drömmer stort och vi är skapade till Hans avbild är vi kallade att göra detsamma. Det ligger i vår nya natur att göra det. Våra visioner ska aldrig begränsas av våra omständigheter, vår ekonomi eller av vad som verkar möjligt för oss. Storheten i våra drömmar och visioner är endast begränsade av Guds möjligheter. Det innebär ju att allt är möjligt. Ett vanligt tecken på att vi har en dröm eller vision från Gud är att det verkar helt omöjligt för oss att förverkliga. *"För människor är det omöjligt. Men för Gud är allting möjligt"* (Matt. 19:26). Jag har lärt mig att det inte spelar någon roll hur stora böner jag ber eller hur mycket jag förväntar mig att Gud ska göra för mig. Han överträffar alltid mina förväntningar.

Vår Fader har ett stort hjärta för oss, och Han älskar att göra mer av våra drömmar och visioner än vi någonsin trodde var möjligt. *"Han som kan göra långt mycket mer än allt vi ber om eller tänker oss genom den kraft som verkar i oss"* (Ef. 3:20). Jag vill utmana dig att våga drömma stort och be stora böner. När du gör det, kommer du bli överraskad över den stora godhet och nåd som din Fader är villig att ösa över dig. Dina drömmar och visioner kommer att fullbordas på ett mycket häftigare sätt än vad du någonsin hade kunnat föreställa dig! Många kommer då att bli både välsignade och märkta av Jesus genom ditt liv.

Förnya våra sinnen att tänka större

För att ta emot Guds drömmar och visioner för våra liv behöver vi förnyas i vårt tänkande. Paulus uppmuntrar oss att *"…anpassa er inte efter den här världen, utan låt er förvandlas genom förnyelsen av ert sinne så att ni kan pröva vad som är Guds vilja: det som är gott och fullkomligt och behagar honom"* (Rom. 12:2). Ett av denna världs vanliga mönster är att tänka realistiskt och vara "vis" i sättet att närma sig livet, men detta är världslig visdom. Gud vill att vi ska vara realistiska enligt Hans perspektiv, vilket betyder att allt är möjligt. Gud kommer att fullborda de drömmar Han har givit till oss långt utöver våra största förväntningar, eftersom Hans kraft nu verkar genom oss. När vårt sinne förnyas uppfylls vi av Kristi tankar och då kan vi leva i Guds möjligheter.

Vikten av andlig vision

Vi behöver ha andlig vision för att veta vart vi är på väg. Gud ger andlig klarsyn genom att uppenbara sin plan för oss i drömmar och visioner. Dessa innehåller vår kallelse och plan i form av ett frö. När dessa drömmar planterats i vårt hjärtas jord, och vi ger dem rätt näring så kommer de att gro tills de blir verklighet. När Gud talar till oss kan vi lära väldigt mycket av Marias exempel. Hon bevarade alla de profetiska orden om Jesus i sitt hjärta (Luk. 2:19). Vi bör också bevara de ord vi har fått av Gud i våra hjärtan och tänka på dem ofta. Andlig vision ges till oss när den helige Ande upplyser våra inre ögon. *"Jag ber att era hjärtans ögon ska få ljus så att ni förstår vilket hopp han har kallat er till, hur rikt och härligt hans arv är bland de heliga och hur oerhört stor hans makt är i oss som tror, därför att hans väldiga kraft har varit verksam"* (Ef. 1:18-19). Vårt arv som Guds barn uppenbarar Guds syfte och mening med våra liv. Det är när den helige Ande upplyser vårt hjärtans ögon som vi kan se Hans vision för oss. När vi rör oss i riktning mot det Han visar, börjar resan mot uppfyllelsen av visionen ett steg i taget.

Satan är en drömdödare

Eftersom de drömmar Gud ger till oss innehåller vår framtid i sädesform, är Satan alltid ute efter att stjäla vår vision och döda våra drömmar. Det är lättare för honom att stjäla ett frö än att dra upp ett helt träd med rötterna i våra hjärtan. Därför är Satan ute efter våra drömmar. En vision som tagits emot och blivit befäst i den troendes hjärta är mycket svårare för honom att stjäla. Han vill att vi skall bli cyniska och rädda för att drömma stort, genom att säga att alltför stora drömmar kommer att leda till besvikelse. Satan vill att vi ska vara begränsade av våra omständigheter och han vill att vår framtid ska definieras av tidigare besvikelser och misslyckanden. Han är en drömdödare, men kom alltid ihåg att Gud är med oss och att vi är kallade att drömma stort. Satan vet att om han kan stjäla våra drömmar kommer han att stänga ner vår framtid. Vi behöver därför beskydda våra drömmar.

Utan vision förgås folket

Jesus kom för att ge oss liv i överflöd och en stor del av att vara levande i Kristus är att vara en drömmare och visionär. Där liv flödar finns också kreativitet och himmelska idéer. Det motsatta är också sant. Där det finns lite andligt liv, finns inte heller någon andlig vision. I stället blir resultatet då likriktning och cynism. I Ordspråksboken finner vi en viktig princip: *"Utan uppenbarelsen [vision] går folket vilse"* (Ords. 29:18). Djävulens strategier syftar alltid till att stjäla vårt hopp och vår tro på förändring. Satan är egentligen inte speciellt intresserad av våra omständigheter, vår hälsa eller vår ekonomi, men dessa är ändå vanliga områden för andliga attacker. Orsaken till detta är att han använder dem som medel att komma åt hjärtat så att han kan stjäla den vision Gud har placerat där. Satan vet att om han kan göra oss cyniska och desillusionerade, kan han också stjäla vår kallelse och vårt liv. *"Utdragen väntan tär på hjärtat, uppfylld önskan är ett livets träd"* (Ords. 13:12). På samma sätt som drömmar och visioner är Guds språk så är cynism, besvikelse och uppgivenhet djävulens språk. När vårt hopp är krossat blir vårt hjärta sjukt. Vi kommer alla att möta besvikelser och smärta ibland, men vi måste lära oss hur vi går vidare tillsammans med den helige Ande.

Mitt liv förändrades på grund av vision

Innan jag blev frälst var mitt inre liv fyllt av cynism, besvikelse och hopplöshet. Jag var så bunden i förtvivlan och depression att jag hade tankar på att ta mitt eget liv. Jag övervägde att göra det eftersom jag inte hade något hopp om en bättre framtid. Jag kan minnas dessa dagar som mycket smärtsamma och hopplösa. När Jesus kom in i mitt liv bröts detta, eftersom Han förde med sig så mycket nytt liv, vilket gav hopp och förnyad vision. Jesus var där och fyllde min inre värld med drömmar om Faderns framtid för mitt liv. När jag såg vilket underbart liv jag hade blivit inbjuden till, sade jag självklart ja till den inbjudan. Jag fick nytt mod och fann förnyad styrka genom Guds nåd, till att bryta mig lös från gamla tankemönster och beteenden.

När jag började drömma tillsammans med Jesus och rättade mitt liv efter vad jag såg i Faderns hjärta, fann jag mening och tro för min framtid. Jag upptäckte att jag faktiskt ville leva, och till min förvåning insåg jag att jag blivit förälskad i den underbara gåva som kallas liv! Jesus vill att vi ska njuta av att leva och omfamna varje dag som en gåva från Honom, för det är verkligen ett stort och förunderligt privilegium att få leva varje dag med Honom. *"Tjuven kommer bara för att stjäla, slakta och döda. Jag har kommit för att de ska ha liv, och liv i överflöd"* (Joh. 10:10).

Jabes bön

Jabes är en av de personer som varit en stor inspiration för mig att följa den dröm som Jesus gav mig om ett befriat och upprättat liv. Bibeln säger följande om honom: *"Men Jabes var mer ansedd än sina bröder. Hans mor gav honom namnet Jabes, för jag har fött honom med smärta, sade hon"* (1 Krön. 4:9). Eftersom hans mamma hade fött honom med smärta så kallade hon honom Jabes. Hans namn betyder *"smärta"*. I Bibeln gavs olika namn ofta som en profetisk proklamation om det livsöde som bäraren av namnet skulle få.

När han fick namnet Jabes, blev denne man förutbestämd att bli en person vars liv skulle bli fyllt av smärta och sorg. Detta kunde nog ha utvecklats till ett tragiskt liv, men Jabes vägrade acceptera att detta skulle bli hans livsöde. Han fick tag på Guds kallelse för sitt liv och gick in i bön. Eftersom han bar på stora drömmar och visioner för framtiden, vågade han be frimodiga böner. Detta var hans bön till Gud:

Jabes ropade till Israels Gud och sade: O att du ville välsigna mig och utvidga mitt område och låta din hand vara med mig! O att du ville göra så att jag slipper olycka och smärta! Och Gud lät det bli så som han bad (1 Krön. 4:10).

Detta är en stark bön och det är ingen tillfällighet att mycket har skrivits och predikats om den. Vår Far har nedtecknat Jabes bön och livsöde i Bibeln för att inspirera oss att tro på alla drömmar och visioner vi tagit emot från himlen. När vi tror och ber djärva böner, kommer vi att få det vi ber om. Han kommer att välsigna oss och utvidga vårt territorium. Han kommer att vara med oss, beskydda oss från fienden och återställa oss från vårt förflutnas smärta!

Se vem du kommer att bli

På samma sätt som Jabes, började jag se mig själv som upprättad och fri. Jag vägrade acceptera att jag hade blivit förutbestämd till trasighet och hopplöshet. Jag såg för mitt inre den man som Gud hade kallat mig att bli, trots att jag fortfarande var full av sår och levde ett mycket begränsat liv. Jag grep tag i min nya identitet i bön. Jag såg mig själv som en upprättad man, make och far. Jag kunde se mig själv predika över hela världen. Jag insåg att detta var min arvedel som Guds barn. Men först och främst fick jag ljus över att jag var min himmelske Pappas älskade son.

Detta gav mig hopp och mod att sträcka mig efter mina drömmar och visioner om ett nytt liv. Jag insåg att jag, i bön och tro, kunde samarbeta med Jesus för att förverkliga dessa drömmar. Det är så den helige Ande handlar med oss. Han lägger ned drömmar och visioner i våra hjärtan som fyller oss med gudomlig längtan och begär efter något nytt. *"Ha din glädje i Herren. Då ska han ge dig vad ditt hjärta begär"* (Ps. 37:4, se också Ps. 21:2). Idag lever jag i verkligheten av vad jag såg då, men nu drömmer jag om ännu större ting för framtiden. Gud har ett stort hjärta för oss. Därför är Hans tankar och planer för oss mycket större och rikare än vad vi någonsin vågat drömma om. Han ger vision genom att dela sitt perspektiv med dig. Du behöver ta till dig Hans bild av dig, för Han känner dig allra bäst. Att få tag på det Gud ser för oss är en nyckel till att leva ut våra drömmar och visioner.

Drömmar och kraften att övervinna

Det finns ytterligare en orsak till att det är så viktigt att leva med en vision från Gud. Vi kommer att möta svårigheter och smärta som gör att vi frestas att ge upp om det Gud har talat. Därför får vi drömmar och visioner från Gud. Visionen från Gud förser oss med styrka att övervinna alla de utmaningar och svårigheter vi möter. Det gör att vi orkar gå hela vägen, från det att vi tar emot visionen, fram till dess vi att får se uppfyllelsen av den. Vanligen visar ett profetiskt ord bara hur uppfyllelsen av Guds löften ser ut, men inte alltid processen som krävs för att komma dit.

Processen som tar oss från dröm till verklighet, innehåller både kamp, smärta och utmaningar. Det låter inte så uppmuntrande, men processen fyller en väldigt viktig roll. Gud har designat vår personliga process så att den renar våra motiv och för oss in i den andliga mognad som krävs för att vi skall bli goda förvaltare av Guds kallelse. Detta sker genom de svårigheter vi får möta på vägen till löftenas uppfyllelse. Smärtan och kampen i processen renar oss så att vi kan bära de välsignelser som Gud ger oss.

Processen gör oss mer Kristuslika och förlöser Guds rike genom oss. Vi skall nu titta på Josefs liv för att få insikt i den process det är att se drömmar från Gud bli uppfyllda.

<h3 style="text-align:center">Josef – testad av Guds ord</h3>

Vi kan läsa om Josefs livsöde i 1 Mosebok, kapitel 37-50. Jag vill uppmuntra dig till att läsa hela den storyn när du har tid, gärna i ett svep. Det är ett otroligt gripande och fängslande livsöde. En av psalmerna ger oss dock en summering av hans liv som passar oss perfekt här. Den visar nämligen hur processen av att gå från vision till verklighet ser ut, och vad den åstadkommer i våra liv.

Han sände svält över landet och lät dem lida brist på bröd, men han sände en man framför dem, Josef som såldes till slav. Man slog hans fötter i bojor och lade järn om hans hals, tills det han sagt slog in och Herrens ord bevisade hans oskuld" (Ps. 105:16-19).

Frasen att komma ihåg i detta sammanhang är att *"Herrens ord bevisade hans oskuld"*. En engelsk översättning beskriver hur Josef blev *"testad av Herrens ord"*. Josef blev förrådd av sina bröder och såld som slav till Egypten (1 Mos. 37:1-36). Där slutade han som en tjänare i Potifars hus. Redan där kan vi tydligt se Guds favör över Josef. *"Herren var med Josef, och han blev en man som lyckades med allt. Han var i sin egyptiske herres hus"* (1 Mos. 39:2). Josef blev så omtyckt av Potifar att han blev befordrad till förvaltare över hela hans hus. Potifars hustru fattade tycke för Josef och försökte förföra honom. Men eftersom Josef vägrade att ligga med henne, trots hennes ständiga försök att förföra honom, blev hon arg och anklagade honom falskt för våldtäktsförsök. Josef blev då kastad i fängelse (1 Mos. 39:7-20).

I fängelset var Gud med Josef, och detta gav honom favör med fängelsets föreståndare. Det måste ha vilat en speciell nåd över Josef. Det är ovanligt att chefen för ett fängelse anförtror en fånge att ta över ledningen, men det var precis det förtroendet som han visade Josef. Josef kom där i kontakt med två andra fångar. Dessa båda fångar hade arbetat nära Farao. En av dem arbetade som Faraos munskänk, och den andre som bagare vid hovet. De hade båda mottagit profetiska drömmar som de inte förstod. Josef fick uttydningen till deras drömmar från Herren. Enligt uttydningen skulle bagaren tre dagar senare bli avrättad, medan munskänken skulle friges för att återinsättas i tjänst. Så blev det också. Men så snart Josefs uttydning visade sig vara sann, glömde munskänken helt bort Josef.

Josef hade själv tagit emot profetiska drömmar från Gud men för att dessa skulle uppfyllas, måste Josef formas till den man som kunde förvalta Guds löften. I denna process ingick att bli förrådd av sina bröder och kastad i en brunn, för att senare bli såld som slav. Han blev oskyldigt anklagad och kastad i fängelse. Till slut fördes dock Josef ända in i palatset, vilket blev platsen där löftet slutligen uppfylldes. Josef fördes då fram till Farao för att uttyda hans drömmar.

Josefs drömmar uppfylldes

Josef sökte Herren för att få uttydningen av Faraos drömmar. Det fick han och denna uttydning förlöste en himmelsk strategi som visade hur man skulle klara den kommande hungersnöden. Det var för att varna Farao om de kommande hungersåren som Gud hade givit drömmarna. Detta ledde i sin tur till att Josef fick full upprättelse och att han fick se Guds löften uppfyllas. *"Då släpptes han på kungens befallning, folkens härskare gav honom fri. Han satte honom till herre över sitt hus, till härskare över allt han ägde, till att binda hans furstar efter sin vilja och lära hans äldste vishet"* (Ps. 105:20-22).

Här ser vi en viktig följd av att Josefs drömmar uppfyllts. Det ledde till att Guds folk blev förda till en plats av överflöd där de levde i frid och frihet. Där blev de välsignade med andlig styrka och tillväxt. *"Och Israel kom till Egypten, Jakob blev gäst i Hams land. Herren gjorde sitt folk mycket fruktsamt, starkare än deras fiender"* (Ps. 105:23-24). När Josef senare ser tillbaka på lidandet han fick gå igenom, så säger han till sina bröder: *"Ni menade ont mot mig, men Gud har menat något gott genom det, för att bevara många människor vid liv"* (1 Mos. 50:20). Josef kunde se Guds hand i allt det jobbiga han hade gått igenom. Därför blev han aldrig bitter. I stället var Josef nu tacksam till Gud.

Här kommer Drömmaren!

Jag ville dela livsberättelsen om Josef som en uppmuntran. Hans bröder kallade honom drömmaren och det var ju inte menat som en komplimang. De kallade Josef för drömmare, eftersom de var avundsjuka på honom och ville trycka ned honom. De hatade hans drömmar till den grad att de var beredda att döda för att stoppa uppfyllelse av dem. *"Där kommer drömmaren. Kom nu, så dödar vi honom och kastar honom i en brunn! Sedan kan vi säga att ett vilddjur åt upp honom. Så får vi se hur det går med hans drömmar!"* (1 Mos. 37:19-20). Du kommer också bli förlöjligad och nedtryckt, av precis samma anledning som bröderna förlöjligade Josef. De blev avundsjuka på grund av att Guds favör vilade så starkt över Josefs liv. Kom ihåg att Satan är en drömdödare och han kommer att använda människor till att försöka stjäla dina drömmar. När man kallar mig drömmare och driver med mina visioner, tar jag det som en komplimang. Sanningen är att det är endast när vi är drömmare och fäster vår blick på det som finns därovan, som vi är till verklig nytta här på jorden!

Dina drömmar och visioner kommer att bli uppfyllda

Våra drömmar och visioner kommer att uppfyllas, för Gud håller alltid sina löften. Vi behöver dock förstå den process som vi med nödvändighet måste gå igenom för att se vår vision uppfylld.

Annars finns det stor risk att vi att bli besvikna. Josef testades på grund av det ord Gud hade talat till honom. Vi kommer också att bli testade av Guds Ord. Det kommer att rena oss från våra egna agendor så att vi kan tjäna människor med rent hjärta. Detta är anledningen till att det ibland tar längre tid än vi trodde för Guds löften att infrias. Gud förbereder oss för den välsignelse Han har förberett för oss medan vi väntar. Dessa välsignelser kommer att ge nytt liv och ny uppenbarelse till Kristi kropp. Välsignelserna ges aldrig bara för att stärka oss som individer. Gud vill att våra genombrott ska samverka med hans avsikter för Kristi kropp. Om du just nu blir testad av Guds Ord så var inte missmodig. Fortsätt att be och dröm stort, för det Gud har visat kommer att förverkligas!

Vandra i enlighet med visionen

När Paulus vittnar om sitt möte med Jesus inför kung Agrippa, berättar han om hur Jesus talade om hans kallelse. Detta tilltal gav Paulus en förnyad vision av framtiden och efter att ha delat sitt vittnesbörd, säger Paulus: *"Därför, kung Agrippa, har jag inte varit olydig mot den himmelska synen"* (Apg. 26:19). Vi behöver lära oss av Paulus exempel. Han satt inte bara och väntade på att Guds löften skulle uppfyllas. Han införlivade sitt liv i vad Gud hade talat. Vi behöver lära oss den principen. När den helige Ande lägger ner en vision så kan vi handla i enlighet med den genom att göra plats för Guds tilltal. Dessa förändringar behöver inte alltid vara stora och dramatiska. Många gånger kan det räcka med små steg för att komma långt. Om du till exempel vet att du är kallad att predika, ta dig då tid för att studera Bibeln, läsa böcker och lyssna predikningar. Detta kommer att hjälpa dig att få in Ordet i ditt hjärta och vad du får in i ditt hjärta, kommer förr eller senare komma ut.

Hur du kan bli en drömmare

Jag har tagit ett antal viktiga, men ändå enkla steg som har hjälpt mig att förvalta och förverkliga de drömmar Gud har gett mig. Här vill jag dela dessa steg med dig:

1. **Skriv ner det.**
   När Gud har gett dig en dröm eller lagt ner en längtan i ditt hjärta, är det viktigt att du inte tappar bort den utan gör den konkret. Det bästa sättet är att skriva ner den. Jag förvarar alla viktiga profetiska ord jag tagit emot i en mapp i min telefon så att jag kan läsa dem och meditera på dem så ofta jag önskar. Jag har upptäckt att detta har varit bra sätt att hjälpa mig hålla visionen levande i mitt hjärta. Dessutom är det väldigt uppmuntrande.

2. **Meditera och be över visionen.**
   Detta är en nyckel att till en djupare insikt och förståelse i vad Gud har talat till dig. Gud vill att Hans ord ska bli så ett med dig, att det blir en del av dig. Hans vision för dig kommer då att bli din livsstil.

3. **Skapa en handlingsplan.**
   Det är viktigt att du skapar en plan, gällande hur du skall kunna röra dig i riktning mot visionens fullbordan. När jag får en vision från Gud, skapar jag alltid en plan som består av mätbara mål som jag vet att jag kan nå ganska enkelt. Att nå de mindre målen skapar momentum och tro på uppfyllelsen av den större visionen. Du vet då att du rör dig åt rätt håll. Vi uppfyller alltid våra visioner ett steg i taget. En handlingsplan hjälper oss definiera vilket nästa steg kommer att bli.

4. **Dela visionen med rätt människor.**
Ett av Josefs allra största misstag var förmodligen att han berättade om sina drömmar för sina bröder. Detta blev orsak till mycket smärta. Samma sak riskerar att drabba oss om vi delar vad Gud har talat med fel människor. Vi behöver ha vishet och urskiljning gällande vem vi delar vår vision med. Jag har lärt mig att dela mitt hjärta med de vänner jag litar på, och som jag vet kommer att stötta mig. Deras uppmuntran ger mig styrka och uthållighet att fortsätta tro för att mina drömmar ska bli uppfyllda.

5. **Ta små steg mot att anpassa ditt liv efter visionen.**
När vi känner Guds vision bör vi låta våra liv formas av det Jesus har uppenbarat. Långt innan jag började skriva böcker och predika, gjorde jag det till en vana att fylla mitt hjärta med Guds Ord. Med tiden började Ordet som fanns i mitt hjärta att överflöda. Att kunna skriva denna bok, mina poddar och min resandetjänst, är ett resultat av detta. Om du har en vision att betjäna i inre helande så ta själavårdslektioner. Om du är kallad att arbeta med media, hitta någon som kan hjälpa dig på det området.

6. **Fortsätt be och drömma stort.**
Det spelar ingen roll hur mycket vi har sett och upplevt med Gud. Det viktigaste är att vi fortsätter drömma stort tillsammans med Jesus. Gud har alltid mer för dig än du någonsin kan förvänta dig eller föreställa dig. Fortsätt därför att be och drömma stort under resten av ditt liv!

KAPITEL 15:
ATT HITTA MENTORER OCH GOD VÄGLEDNING

I detta kapitel kommer vi att ta upp betydelsen av mentorer och god vägledning. Senare ska vi titta på hur vi kan igenkänna Jesu visdom genom andra människor, men här vill jag dela lite tankar om behovet av mentorer och visa instruktioner. I början av första Korintierbrevet avslöjar Paulus vad Guds visdom är:

Judarna begär tecken och grekerna söker vishet, men vi predikar Kristus som korsfäst – för judarna en stötesten och för hedningarna en dårskap. Men för de kallade, både judar och greker, predikar vi Kristus som Guds kraft och Guds vishet. Guds dårskap är visare än människor, och Guds svaghet är starkare än människor (1 Kor. 1:22-25).

Jesus är Guds kraft och vishet. Därför förmedlar Hans ord andlig substans och liv till oss. Det gör visheten värdefull. Ett sätt att ta emot vishet från Gud, är att urskilja när Han talar till oss genom Kristi kropp. Det betyder att vi behöver lära känna hur Jesus talar till oss genom andra människor. Vi ska här ta lite tid att studera hur vi kan göra detta.

När vi går in i detta ämne måste vi komma ihåg att sann visdom alltid kommer från Jesus. Den kan komma till oss, antingen som direkt uppenbarelse eller genom en annan troende. Att lära sig att urskilja hur Herrens talar till oss genom andra människor tar tid, men det finns ett antal riktlinjer i Bibeln som hjälper oss med detta. Vi ska snart titta närmare på dem men först vill jag nämna något om att låta sig påverkas av människor som vandrar i Guds vishet.

Vikten av god vägledning

Ordspråksboken lyfter vikten av att ta emot god vägledning. Att inte lyssna till några mentorer eller input alls kommer att bädda för misslyckande. *"Utan ledning faller ett folk, när många ger råd går det väl"* (Ords. 11:14). Motsatsen är också sann. När vi omger oss med goda mentorer och visa människor, har vi tillgång till goda strategier och vishet för att övervinna och lyckas i livet med Gud. *"Planer efter rådslag får framgång, att föra krig kräver klok ledning"* (Ords. 20:18). Vi lever nu i en tid där vi nås av fler röster och mer intryck än någonsin tidigare i historien. Det gör det viktigare än någonsin att urskilja vilka röster vi ska släppa in i våra liv.

Citaten från Ordspråksboken visar att vi behöver många goda vägledare för att fullgöra Guds plan. Det kommer alltid att pågå andlig krigföring mot oss när vi går med Jesus och för att vinna det kriget behöver vi många goda rådgivare. *"Med klok ledning kan du föra krig, många goda rådgivare ger seger"* (Ords. 24:6). Av min erfarenhet att döma, är valet av vem vi tillåter forma våra liv så viktigt att det kan betraktas som en andlig disciplin. Mitt liv har formats av inflytandet från några mycket goda mentorer och rådgivare. Deras input har varit viktigare för mig än jag någonsin kan beskriva med ord. De har uppenbarat Jesu hjärta och vishet för mig på ett avgörande sätt.

Anledningar till att mentorer är nödvändiga

Vi kan här och nu fastslå att vi behöver mentorer i Kristi kropp. En del kristna undrar varför mentorer är viktiga, medan andra till och med förkastat idén att ha en mentor, eftersom de tror att det räcker med att vara ledd av den helige Ande. Eftersom ett av de mest vanliga sätt som den helige Ande talar till oss är genom andra troende så är det antagandet ett misstag. Vi behöver god vägledning från andra troende för att rustas i vårt liv med Gud. Här är några viktiga egenskaper som goda mentorer bidrar med:

- **Mentorer uppmuntrar och stöttar**
  En mentor är någon som har gått före oss. De vet hur tufft livet med Gud kan vara. De har mött många av de utmaningar vi kommer att möta. Deras erfarenheter har gett dem vishet så att de kan uppmuntra och stötta oss i vår kallelse.

- **Mentorer inspirerar och ger möjlighet att lyckas**
  En mentor inspirerar genom att dela med sig av viktiga lärdomar och erfarenheter. De har gått före oss och visar hur vi kan växa på de områden där vi behöver utvecklas. De ger oss möjlighet att lyckas i både liv och tjänst. De är vägvisare som visar oss att det är möjligt att spränga nya gränser och inta ny mark.

- **Mentorer erbjuder vishet och insikt**
  En mentor har vunnit livsvisdom och viktiga insikter i sitt liv med Gud. De har ofta betalat ett mycket högt pris för dessa insikter. Genom att lyssna till deras råd och ta del av deras undervisning, kan vi tillgodogöra oss dessa erfarenheter och lärdomar billigt eller till och med gratis. Det kan bespara oss mycket tid, och hjälpa oss undvika att upprepa deras misstag.

- **Mentorer utmanar och korrigerar**
  När vi hittar en mentor så finner vi någon som har mer erfarenhet och därför har ett längre perspektiv på saker. En god mentor kan därför utmana och korrigera vårt sätt att tänka. De utmanar oss att se längre och hjälper oss att våga göra saker annorlunda.

- **Mentorer instruerar**
  Ibland saknar vi den vishet och erfarenhet som krävs för att tillämpa vår kunskap. En mentor har lärt sig hur man

skall ta en vision från dröm till verklighet. De hjälper oss att sätta våra planer i verket.

Olika mentorer för olika områden i livet

En mentor är en person som har gått före oss och har nått dit vi själva vill nå. Vi behöver därför mentorer som kan hjälpa oss på olika områden. Du kan ha en mentor som hjälper dig i din tjänst, en annan som stöttar dig i dina relationer och äktenskap, och en tredje som ger råd om hälsa och goda matvanor. Välj alltid en mentor som har mer erfarenhet inom det område där du längtar efter att växa. En mentor bör alltid vara någon du respekterar och litar på. Vi kan inte alltid ha en personlig relation till de personer vi betraktar som våra mentorer. Ett bra sätt att ta till sig deras kunskap är då att läsa deras böcker och lyssna på deras inspelade material. Bibeln beskriver också olika nivåer av mentorskap och alla dessa nivåer bygger inte på personlig kontakt.

Bibliska exempel på mentorer

Vi hittar några mycket bra exempel på hur gott mentorskap kan fungera genom att studera Bibeln. Att vara lärjunge till någon är ett huvudtema genom hela Bibeln. Trots att ordet mentor aldrig används i Bibeln, finner vi ändå otaliga lysande exempel på gott mentorskap i funktion. Det ultimata exemplet är Jesus som leder sina lärjungar i en form av mentorskap. Det är alltid fascinerande att studera Jesu liv och jag har alltid fascinerats av det sätt som Jesus tränade sina lärjungar på. Det har hjälpt mig förstå hur Han arbetar med mig. Genom att se på hur Jesus var verksam, finner vi också ett bibliskt mönster för olika nivåer av mentorskap. Han utövade ett mentorskap på följande olika nivåer:

- *Skarorna (Matt. 5-7, 15:10-14, 23:1-36).*
  Jesus utövade mentorskap gentemot de större skarorna genom att predika och undervisa. Det kan likställas med att nå människor via konferenser, inspelat material och böcker idag.

- *De sjuttio (Luk. 10:1-24).*
  Sedan tränade Jesus sjuttio lärjungar som han sände ut för att predika evangeliet och bota sjuka. Det skulle idag kunna motsvaras av att träna de troende via bibelskolor och ledarträning, både lokalt och via nätet.

- *De tolv apostlarna (Matt. 10:1-14, Luk. 6:12-16).*
  Jesus handplockade även tolv apostlar och tränade dem personligen. Jesus delade sitt liv med dessa tolv och gav mycket av sin personliga tid till att besvara deras frågor och instruera dem.

- *De tre (Matt. 17:1-13, Mark. 5:35-42, 13:3-37).*
  Ifrån de tolv apostlarna utvalde Jesus Petrus, Jakob, och Johannes till att utgöra en inre cirkel. De fick mer tid med Jesus och Han bjöd in dem i sitt liv på ett djupare sätt. Dessa tre lärjungar fick vara med på Förklaringsberget. De fick också vaka och be med Jesus i Hans svåra kamp i Getsemane trädgård.

Vi kan lära oss av Jesu exempel gällande att ta emot mentorskap på olika nivåer. Jag tar själv emot vägledning från olika mentorer på alla dessa nivåer. Vi kan även lära oss att bygga upp vår tjänst efter detta mönster. Genom att följa Jesu exempel kan vi fungera väl i mentorskap på många olika sätt. Det kan hjälpa oss att bära mycket god frukt. Andra bibliska exempel på lyckat mentorskap inkluderar:

- Barnabas och Paulus (Apg. 9:26-28, 11:20-26).
- Paulus och Timoteus (Apg. 16:1-4, Fil. 2:19-24,
  1 Tim. 1:2).
- Mose och Josua (2 Mos. 17:8-16, 24:12-14, 33:9-11,
  4 Mos. 13-14, 27:15-23.)
- Samuel och David (1 Sam. 16:1-13).
- Elia och Elisa (1 Kung. 19:15-21, 2 Kung. 2:1-18).
- Prästen Jojada och kung Joash (2 Kung. 11:1-12:16,
  2 Krön. 22:10-24:16).

Kristuslikhet och mentorskap

Det är viktigt att understryka att mentorskap i Guds rike bygger
på Kristuslikhet. En mentor behöver inte vara en officiell ledare
i Guds rike. Att kunna titulera sig som pastor, präst eller teolog
gör inte automatiskt någon till en god andlig vägledare. En god
mentor i Guds rike, är någon som lärt känna Faderns hjärta och
lever ett genomlyst liv med Jesus. Därför vore det ett misstag att
leta efter en mentor, enbart på de kristna plattformarna eller att
välja vägledare baserat på officiella titlar. Sök alltid efter någon
som lever ett starkt liv i det fördolda med Far. En mentor behöver
känna Faderns hjärta, leva ett Kristuslikt liv och vara smord med
den helige Andes kraft!

Effekterna av gott mentorskap

En mentor leder oss alltid dit de själva har gått. När Elia blev
upptagen till himlen i en vagn av eld var Elisa redo att stiga in i
rollen som profet i Israel. Men det finns ett annat tydligt exempel
på denna princip, och det är Benaja. Hans berättelse tjänar som
ett bra exempel på hur ett gott mentorskap hjälper oss i vår tjänst.
Benaja var en av kung Davids mäktiga män. Dessa män var kung
Davids hjältar, som stödde honom genom allt. De var med och
befäste hans kungamakt och förblev lojala mot David hela vägen.

De var hans största krigare och kämpar. Benaja var alltså en av dessa hjältar och vi kan läsa om honom här: *"Benaja, son till Jojada från Kabseel, var en tapper man som gjorde många stordåd. Han slog de två arielerna i Moab. Det var också han som en snövädersdag steg ner och dödade lejonet i brunnen"* (2 Sam. 23:20). Han var en modig krigare, som dödade både jättar och lejon. Kung David var hans ledare och mentor. David var känd för att ha besegrat jättar, men också för att ha dödat vilda djur när han som herde var satt att beskydda sina får (1 Sam. 17:20-58). Kung David ledde Benaja dit han själv hade nått.

Vi återskapar alltid i andra vad vi själva är. Namnet Benaja är intressant, eftersom det betyder *"uppbyggd av Gud"*. Benaja hade byggts upp av Gud genom Davids påverkan till att bli en hjälte som kunde vinna strider och döda lejon. Detta är en bild av våra liv. Far bygger upp oss men Han kommer att göra det genom sitt folk. Han använder mentorer till att bygga upp våra liv.

Tragedin att förkasta Guds utvalda mentorer

Kung David blev även mentor åt sin egen son och tronarvinge, kung Salomo. Salomo växte upp och blev en mycket vis ledare. Han skrev en hel del undervisning gällande god rådgivning och mentorskap. Vi har faktiskt redan citerat hans uttalanden i detta ämne. Salomos son, Rehabeam, verkar dock ha missat det mesta av sin fars undervisning gällande vikten av goda rådgivare. Han förkastade de mentorer Gud hade sänt, och fick lida många svåra konsekvenser på grund av det. När Rehabeam ärvde tronen efter att hans far dött, sade Israels folk till honom: *"Din far gjorde vårt ok tungt. Men lätta du nu det svåra arbete och det tunga ok som din far lade på oss, så vill vi tjäna dig"* (1 Kung. 12:4). Folket lovade nu att villigt tjäna kung Rehabeam om han bara ville lätta på den tunga arbetsbörda som Salomo lagt på dem. Som ny och oerfaren kung, fattade han ett vist beslut när han svarade:

Gå och kom tillbaka till mig om tre dagar. Och folket gick. Då rådgjorde kung Rehabeam med de gamla som hade varit i tjänst hos hans far Salomo medan han ännu levde, och sade: Vilket svar råder ni mig att ge detta folk? (1 Kings 12:5-6).

Rehabeam valde att fråga de äldste som hade stått med hans far Salomo under hans regeringstid som kung. Innan han avföll, var Salomo den mest framgångsrike kungen i Israels historia. Dessa äldste hade skaffat sig mycket visdom och erfarenhet genom att följa hur Salomo regerade som kung. De gav ett väldigt gott råd till kung Rehabeam, men olyckligt nog förkastade han det:

Om du i dag vill bli detta folks tjänare och tjäna dem, om du lyssnar till deras bön och talar goda ord till dem, så kommer de att bli dina tjänare för alltid. Men han brydde sig inte om det råd som de gamla hade gett honom, utan rådgjorde med de unga män som hade växt upp med honom och som nu var i hans tjänst (1 Kung. 12:7-8).

I stället bad han sina vänner om råd och de gav ett mycket dåligt råd (1 Kung. 12:10-15). Kung Rehabeam valde att lyssna till sina vänners råd och tvärtemot folkets begäran beslöt han att ge ett hårt svar. Som ett resultat av detta blev Israels rike splittrat och Rehabeam kunde aldrig regera i sin fulla potential. Han regerade som kung endast över Juda stam, under sina sjutton år på tronen (1 Kung. 11:41-12:4, 14:21-31, 2 Krön. 9:29-12:16).

Det är ett allvarligt misstag att förkasta de mentorer som Gud har sänt i vår väg. Det borde väckas en bön i våra hjärtan, att Gud skall resa upp många mentorer i Kristi kropp och att vi skulle ha ett rätt hjärta att ta emot dem. Det krävs alltid ödmjukhet för att släppa in människor i livet och låta dem få vara med och forma oss. Men Herren ger nåd åt den ödmjuke så vi tjänar alltid på att ödmjuka oss.

Konsekvenserna av att lyssna till fel röster

Jag har fått nåden att ha ett antal goda mentorer och rådgivare. Tyvärr har jag också upplevt konsekvenserna av att släppa in fel människor i mitt liv. Det har orsakat en hel del smärta och sår. Ännu mer smärtsamt har det varit när jag har sett hur ett antal vänner och bekanta, har förstört både sitt liv och tjänst, på grund av dåligt mentorskap. När jag såg hur de gjorde både dåliga och dåraktiga val, mycket på grund av de människor de lyssnade till så blev jag påmind om kung Rehabeams livsöde. *"Låt inte bedra er. Dåligt sällskap fördärvar goda vanor. Nyktra till på allvar och synda inte! Några av er känner inte Gud. Till er skam säger jag det"* (1 Kor. 15:33-34).

De människor vi håller nära oss, är en av de viktigaste faktorerna för hur våra liv kommer att formas. Många människor har aldrig insett att det är så. Därför har de aldrig tagit ett medvetet beslut angående vilka som får leda dem. Paulus varnar oss för att dåligt sällskap fördärvar goda vanor. Dåligt inflytande bryter ned den livsstil som vi har byggt upp som ett gensvar till Guds kärlek.
Vi ska inte bli rädda eller dömande emot andra människor och deras motiv. Däremot behöver vi ha en urskiljningsförmåga när det gäller vem vi tillåter tala in i våra liv. Annars kommer det att sluta med att vi lyssnar till de röster som ropar högst eller är mest ihärdiga. Detta innebär att vi tar en stor risk, eftersom de röster som kräver vår uppmärksamhet mest, sällan har vårt bästa för ögonen. Det är bättre att medvetet välja rätt sorts människor att ha inflytande över oss.

KAPITEL 16:
ATT URSKILJA VISHETEN FRÅN JESUS

I förra kapitlet lyfte jag behovet av mentorer och god rådgivning. Utmaningen som uppstår när vi upptäcker detta behov är att det finns så många röster att lyssna till. Det är inte alltid lätt att veta hur vi skall välja rätt röster. Vi såg i förra kapitlet hur destruktiva konsekvenserna av ett dåligt inflytande kan bli. Därför behöver vi lära oss urskilja vem vi skall ta emot vägledning från. Eftersom Jesus är Guds visdom, vill Gud att vi skall lära oss att känna igen Hans röst genom de människor vi lyssnar till. I detta kapitel vill jag dela med mig några goda lärdomar om hur vi kan göra detta.

Jesus talar liv

Det som främst karaktäriserar Guds visdom är att den förmedlar liv. När vi lyssnar till en predikant eller själavårdare så vet vi att det är så Jesus talar till oss. *"Det är Anden som ger liv, köttet hjälper inte. De ord som jag har talat till er är Ande och liv"* (Joh. 6:63). Jesu ord är smorda av den helige Ande och de har makt att förmedla nåd till dem som lyssnar. När jag lyssnar till en predikant eller samtalar med en broder eller syster i Kristus, försöker jag lyssna med mitt hjärta, för livet förmedlas alltid till hjärtat.

Jag har lärt mig att känna igen när Jesus talar till mig genom en annan person, genom att observera vad som händer i mitt hjärta. Närhelst mitt hjärta blir upplivat av en undervisning eller ett råd så vet jag att Jesus talar. Allt som Gud gör börjar i våra hjärtan och när Jesus talar förmedlar Han liv och nåd till oss. När någon ger ett råd eller undervisar på ett sätt som upplivar din ande och förmedlar mer av Jesus till dig, så är detta ett mycket gott tecken på att Gud använder den personen. Detta förbises ofta, men det är tydligt när vi tänker på hur Jesus beskriver sig själv: *"Jesus sade till honom: Jag är vägen, sanningen och livet. Ingen kommer till Fadern utom genom mig"* (Joh. 14:6). Jesus är Guds uppenbarade liv och när Han kom in i denna värld var det med avsikten *"... att de ska ha liv, och liv i överflöd"* (Joh. 10:10). Jag har lärt mig att inte haka upp mig alltför mycket på om jag fullt ut instämmer i en ledares teologi eller inte, men jag följer livet. Varhelst jag kan förnimma Kristi liv så vet jag att jag kommer att bli välsignad och ta emot vishet från Gud.

Liv är att känna Fadern

Det är viktigt att vi förstår vilken typ av liv vi talar om här. Detta liv handlar inte om att känna sig inspirerad och uppmuntrad, även om detta ofta blir resultatet när Kristi liv förmedlas till oss. Jesus definierar meningen med evigt liv på följande sätt: *"Och detta är det eviga livet: att de känner dig, den ende sanne Guden, och den som du har sänt, Jesus Kristus"* (Joh. 17:3). Andligt liv är att känna Fadern och Jesus. Därför, när du letar efter en vägledare eller mentor, sök alltid efter de som känner Faderns hjärta. Där kommer du att finna liv, eftersom deras inflytande förmedlar Faderns kärlek och Kristi liv!

Tre checklistor

När vi skall följa livet från Jesus, finns det tre bibliska checklistor, jag brukar rekommendera att man förhåller sig till. Dessa tre listor beskriver Jesu egen karaktär och hur Hans liv uttrycker sig i en genomlyst personlighet. Dessa tre listor är:

- Saligprisningarna
- Andens frukt
- Visheten från ovan

När vi skall beskriva den karaktär som vi vill se i våra mentorer och vägledare, är dessa checklistor oslagbara. Jag har sett många bra beskrivningar av en vägledares karaktär, men ingen av dem är bättre än dessa, eftersom de beskriver Jesu egen karaktär och liv. Han är världens bästa mentor och vägledare!

1. Saligprisningarna (Matt.5:3-11)

Saligprisningarna hittar vi i inledningen av Bergspredikan och de är en beskrivning av hur Jesu Kristi attityder och liv ser ut. Hela syftet med Bergspredikan är att visa på Kristi personlighet och sinnelag. Saligprisningarna beskriver de attityder till Guds rike som präglar den person som har blivit genomlyst av Jesus:

- *Saliga är de som är fattiga i anden*
- *Saliga är de som sörjer*
- *Saliga är de ödmjuka*
- *Saliga är de som hungrar och törstar efter rättfärdighet*
- *Saliga är de barmhärtiga*
- *Saliga är de renhjärtade*
- *Saliga är de som skapar frid*

Det vore en missuppfattning att tro att Jesus gav Bergspredikan, för att Han förväntade sig att vi skulle kunna leva efter den. Det tänkesättet leder oss bara in i en lagisk återvändsgränd. Den här predikan är i stället en beskrivning av Jesus själv, men också hur Hans liv ser ut när det formas i oss. Saligprisningarna beskriver Jesu Kristi sinnelag. Vi bör därför se dem i någon grad hos de vi kallar våra mentorer och vägledare.

2. Andens Frukt (Gal. 5:22-23)

Andens frukt beskriver Guds karaktär och när vi får del av Kristi liv så kommer det alltid att smaka Andens frukt. Bibeln talar om Andens frukt i singular. Det beror på att alla andra frukter växer ut ur Faderns kärlek. När vi ha blivit rotade i Faderns hjärta så växer Andens frukt i vårt liv. Paulus beskriver Andens frukt i sitt brev till galaterna:

- *Kärlek*
- *Glädje*
- *Frid*
- *Tålamod*
- *Vänlighet*
- *Godhet*
- *Trohet*
- *Mildhet*
- *Självbehärskning*

Vi kan inte producera dessa frukter i oss själva. De växer genom vårt förblivande i Faderns kärlek. När Kristi liv formas i oss så kommer våra liv att uppenbara dessa frukter. Andlig vägledning förmedlar Jesu liv till oss, och när det livet förmedlas till oss från en god mentor eller vägledare så smakar det av dessa frukter.

3. Visheten Från Ovan (Jak. 3:17-18)

Jakob skriver många tänkvärda saker i sitt brev om Guds vishet. När Jakob skriver om Guds vishet, är det en beskrivning av Jesu eget liv och karaktär eftersom Han är Guds vishet. Texten vi skall läsa nu, är en beskrivning av den gudomliga vishetens karaktär: *"Men visheten från ovan är först och främst ren, dessutom fredlig, mild, följsam, full av barmhärtighet och goda frukter, opartisk och uppriktig. Rättfärdighetens frukt sås i frid och ges åt dem som skapar frid"* (Jak. 3:17-18). När vi lever i kärleksfull gemenskap med Fadern så blir vår personlighet formad av Guds vishet, vilket leder till att Jesu Kristi liv formas i oss. *"Visheten från ovan"* beskriver den karaktär som formats till Kristuslikhet och när vi söker efter mentorer och vägledare ska vi söka efter Kristi liv i dem. Alla vill ha en mentor som återspeglar Guds vishet. När jag söker personlig rådgivning och mentorer att lära av, söker jag alltid efter visheten från ovan i dem. Det här är vishetens karaktär:

- *Ren*
- *Fredlig*
- *Mild*
- *Följsam*
- *Full av barmhärtighet*
- *Opartisk*
- *Uppriktig*

Jesus Kristus är Guds vishet, men Han är också Guds kraft som förvandlar vår karaktär så att vi återspeglar visheten från ovan. Sök efter dessa karaktärsdrag när du söker andliga vägledare och mentorer.

Attityd, frukt & karaktär

Vi har sett att där Jesu liv uppenbaras, kan vi se de attityder som beskrivs i Saligprisningarna och smaka Andens frukt. Vi möter där visheten från ovan i funktion. Allt detta bör finnas i hög grad hos de mentorer och vägledare vi ger förtroendet att tala in i våra liv. Vi kommer inte att kunna bocka av alla dessa tre checklistor helt och fullt i någon enskild människas liv. Bara Jesus kan leva upp till den standarden. Däremot bör vi kunna se mycket av den karaktär som beskrivs där hos den som är mentor och vägledare i Guds rike.

Frukten av demonisk vishet

Alldeles innan Jakob beskriver Guds vishet, tecknar han frukten av den demoniska visheten. Det är värt att läsa hans beskrivning av demonisk vishet som en kontrast till Guds vishet. *"Men bär ni bitter avund och rivalitet i ert hjärta, ska ni inte skryta och ljuga i strid mot sanningen. En sådan 'vishet' kommer inte från ovan utan är jordisk, oandlig, demonisk. För där det finns avund och rivalitet, där finns också oordning och all slags ondska"* (Jak. 3:14-16). Demonisk vishet är bygger alltid på själviskhet. Personer som blivit snärjda

i demonisk vishet drivs alltid av själviska ambitioner och avund
gentemot andra människor. Denna falska sorts vishet skapar en
kultur som präglas av jämförelse, avundsjuka, och stridigheter i
relationer. Vi bör noga se upp med människor när vi förnimmer
att de drivs av själviska ambitioner. Eftersom sådana ambitioner
manifesterar sig som avundsjuka och stridigheter, är jag försiktig
med människor som är kritiska och söker det värsta hos andra.
Det sättet att relatera till våra trossyskon kommer från en rot av
själviska ambitioner.

Vishet kommer när vi praktiserar Guds Ord

*Den som hör dessa mina ord och handlar efter dem liknar alltså en klok
man som byggde sitt hus på klippan. Regnet öste ner, floden kom och
vindarna blåste och kastade sig mot huset, men det föll inte, för det var
grundat på klippan* (Matt. 7:24-25).

När vi vet att andligt liv förmedlas genom Jesu ord, kan vi dra
den slutsatsen att Hans ord aldrig enbart förmedlar kunskap. De
ger uppenbarelse, och uppenbarelse från Jesus leder alltid till ett
förvandlat liv. Att leva ut det Jesus visar oss är sann vishet. Det
innebär att visa ledare och mentorer lever ut den uppenbarelse
de har tagit emot i sin vardag. Vi ska aldrig lita på en lärare eller
ledare som inte praktiserar det de predikar. Vi får praktisk vishet
genom att leva ut den uppenbarelse vi har tagit emot från Jesus.
Livet är fullt av prövningar och som Petrus skriver: *"Äktheten i er
tro är långt mer värd än guld, som är förgängligt men ändå prövas i
eld. På samma sätt prövas er tro för att sedan bli till lov, pris och ära
när Jesus Kristus uppenbarar sig"* (1 Petr. 1:7). Äkta tro prövas alltid
av livets svårigheter. När vi står fasta och övervinner mitt i dessa
prövningar, bygger vi en stabil karaktär. Det är genom att någon
har gjort detta kontinuerligt som de formats till en person värd
vårt förtroende. De har vunnit en visdom som är byggd både på
kunskap och erfarenhet. Det är viktigt att vi förvissar oss om att
de personer som talar in i våra liv, själva praktiserar vad de lär.

Om någon vill ge mig råd angående helande så vill jag veta att den personen är använd av Jesus i helandetjänst. Om någon skall få tala in i min familj så vill jag veta att den personens eget liv är sunt. Det är farligt att låta någon att vägleda oss, enbart baserat på kunskap. Det räcker inte med teologisk utbildning och biblisk kunskap för att bli en god andlig ledare. Detta kan till och med bli ett hinder om man bär kunskapen som en andlig merit utan att ha låtit sig formas av Jesus. Vi behöver mentorer som går med Gud, vilkas liv är fyllda med frukten av en nära gemenskap med Jesus. Kom ihåg att vi ska söka efter Jesu liv i de som leder oss.

Visdom och Guds kraft

Vi läste tidigare att Jesus Kristus är *"Guds kraft och Guds vishet"* (1 Kor. 1:24). Detta betyder att det är omöjligt att skilja Guds kraft från Hans vishet. En vis person är alltså någon som flödar i den helige Andes kraft och är bärare av Andens smörjelse. Paulus sade att: *"Er tro skulle inte bygga på människors visdom utan på Guds kraft"* (1 Kor. 2:5). Vår tro skall alltid vara grundad på Guds kraft, inte på mänskliga argument och visdom. Genom att känna Guds vishet, kommer vi också att känna den helige Andes kraft. Det är ett kännetecken på vishet när en person fungerar i Andens gåvor och flödar i Guds kraft (1 Kor. 14:1). Jag har alltid sökt efter de som känner Guds kraft när jag söker efter god undervisning och personlig input. Enligt min erfarenhet följs detta åt.

Ibland kan människor bli överdrivet imponerade av troende som verkar i den helige Andes kraft, bara för att senare bli besvikna när dessa bröder och systrar har fallit i synd. Ibland fastslås det då att karaktären är viktigare än Andens gåvor. Jag förstår det sättet att tänka, men jag kan inte fullt ut hålla med. Att vandra i Guds kraft är en del av ett Kristuslikt liv. Det är inte den allra viktigaste egenskapen hos en mentor men det är ändå viktigt. En vis vägledare och mentor vandrar i Guds kraft.

Vishet kan uppenbaras från oväntade källor

Fastän Guds vishet vanligtvis uppenbaras genom Kristi kropp så kan *"visheten från ovan"* komma från lite oväntade källor. Som ett exempel på detta, kan vi se hur Paulus citerar grekiska filosofer när han skriver och predikar (se Apg. 17:28, Tit. 1:12). Jesus kan ibland tala till oss genom vår tids kultur, exempelvis genom att använda sekulära sånger, filmer eller litteratur. Ibland kan Guds vishet även genom människor som vi skulle avfärda som fiender till sanningen.

Kung Josia mötte ett tragiskt slut på grund av att han inte kunde urskilja hur Gud talade till honom genom Neko, som var Farao i Egypten (2 Kung. 23:28-20, 2 Krön. 35:20-27). Troligen kommer du ihåg kung Josia från ett tidigare kapitel. Då studerade vi den väckelse som han ledde i Juda rike genom sin kärlek till Guds Ord. Denne kung som hade ett så ödmjukt och uppriktigt hjärta inför Gud, kände inte igen Guds röst när den kom genom farao Neko. Josia attackerade den egyptiska armén som hade sänts av Gud mot den assyriska armén och han avled i det slaget. Detta visar hur viktigt det är att urskilja Guds vishet och att vi behöver odla ödmjukhet i att lyssna till visheten från Jesus, oavsett vilken källa Han använder att uppenbara den.

Världens vishet kontra Guds vishet

Paulus klargör att Guds vishet och världslig visdom är av olika slag. Han skriver: *"...Kristus har ju inte sänt mig för att döpa utan för att predika evangeliet, men inte med vältalig vishet så att Kristi kors förlorar sin kraft. Ordet om korset är en dårskap för dem som går förlorade, men för oss som blir frälsta är det en Guds kraft"* (1 Kor. 1:17-18). Vi kan ta till oss världslig vishet genom att studera och via livserfarenhet. Det är möjligt att vinna biblisk kunskap på ett världsligt sätt, genom att man studerar vissa ämnen i Bibeln utan att lära känna Författaren. Detta är orsaken till att teologi ibland

är både kraftlös och släcker andligt liv. Paulus hänvisar till detta
när han talar om *"vältalig vishet"*.

Guds vishet är av en annan sort och den är endast tillgänglig i
gemenskapen med Jesus. Han är Guds vishet och när vi förblir i
Hans närhet, har vi tillgång till den visheten. Detta är orsaken till
att vår Fader har utvalt *"… det som för världen var dåraktigt för att
förödmjuka de visa, och det som för världen var svagt utvalde Gud för
att förödmjuka det starka"* (1 Kor. 1:27). Guds plan är att människor
som ser dåraktiga och svaga ut i världens ögon skall uppenbara
Guds vishet så att alla ska se dårskapen i ett liv utan att Jesus. Att
känna Jesus är sann vishet och det viktigaste är att de människor
som har påverkar oss, känner Honom tillräckligt väl för att förstå
skillnaden mellan Guds vishet och världens visdom.

Hur finner man mentorer och god vägledning?

Många människor längtar efter att finna goda mentorer. Detta är
en mycket god längtan men att finna dessa är inte alltid lätt. Själv
har jag varit välsignad med ett antal mycket goda mentorer i mitt
liv. Här följer några tips på hur du finner god vägledning:

1. **Följ livet**
    När Jesus talar till oss, upplivar det alltid vår ande och
    förmedlar Hans liv. Gå dit du finner Kristi liv och frihet.
    Religiösa råd kan låta bra, balanserade och visa, men de
    skapar alltid andligt betryck. När jag har lyssnat till en
    predikan eller fått ett råd som förmedlar nytt liv till mig
    så har det alltid lett mig i rätt riktning. Följ alltid livet!

2. **Kom ihåg hur Guds vishet ser ut**
    Vi har i detta kapitel studerat hur vi kan känna igen Jesu
    liv och vishet utifrån tre bibliska checklistor. Gå tillbaka
    och läs igenom dessa listor igen. Be över dem och låt den
    helige Ande ge mer ljus över Saligprisningarna, visheten

från ovan och Andens frukt. Du bör finna den karaktär de beskriver hos de som vägleder dig.

3. Välj mentorer för olika områden i livet

Många människor söker ofta efter en mentor, men det är ingen god idé. Ingen kan tala in i varje område i ditt liv. Jag har tre mentorer som jag har personlig kontakt med regelbundet och de hjälper mig på olika områden i mitt liv. Du kan veta vem som är utrustad att hjälpa dig inom ett visst område genom den frukt de bär.

4. Kom ihåg att det finns olika nivåer av mentorskap

Allt mentorskap behöver inte fungera genom personlig kontakt. Jag har fått mycket god vägledning genom att ta till mig skrivet och inspelat material från människor, jag skulle kalla mentorer och vägledare. Jag råder dig att medvetet skaffa mentorer på alla de nivåer vi studerade i förra kapitlet.

5. Fråga någon som vet

Det behöver inte vara komplicerat att skaffa vägledning. Fråga någon som kan det område där du behöver hjälp. När jag började skriva böcker insåg jag att jag behövde hjälp. Därför frågade jag människor till råds som redan skrivit den typ av böcker jag ville skriva. Jag gör detta på varje område där jag behöver växa och jag har upptäckt att det finns många vänliga människor som vill hjälpa.

6. Personligt mentorskap växer organiskt

Även om det finns undantag, fungerar det oftast inte bra att tilldelas en mentor. En sådan relation förutsätter en hög nivå av förtroende och sårbarhet. Därför ska man inte vara alltför snabb att utse en personlig mentor. Det tar tid att utveckla tillit och mentorskap växer över tid.

7. **Finn personer som kan stärka dig i din kallelse och dina gåvor.** En mentor bör alltid hålla dig ansvarig till att nå din fulla potential i Kristus och att fullfölja Guds planer med ditt liv. Andlig vägledning handlar alltid om detta. Vi ska alltid ha målsättningen att hjälpa andra att nå sin fulla potential i Kristus!

KAPITEL 17:
IVRA EFTER ANDENS GÅVOR

"Sträva efter kärleken, men var också ivriga att få de andliga gåvorna, framför allt profetians gåva" (1 Kor. 14:1). Paulus uppmuntrar oss att sträcka oss efter att leva i Guds kärlek och söka Andens gåvor. Att följa kärlekens väg är att förbli i Faderns kärlek, men också att låta Honom förlösa helande och upprättelse genom oss. En av de mest påtagliga frukterna av att förbli i Kristi kärlek, är att vi växer i kärlek och längtar efter att andra människor skall se Guds hjärta igenom oss. Det är här de andliga gåvorna kommer in. De är Guds utrustning till att älska människor på Hans sätt.

Den helige Andes gåvor kan beskrivas som himlens kärleksspråk och i takt med vår tillväxt i kärlek, kommer också vår iver efter dessa gåvor att öka. Kärlek är mycket mer än en attityd eller en känsla. Guds kärlek är en kraft som förvandlar dess mottagare. Jag har upptäckt att varje gång jag ser nya djup i Faderns kärlek så ökar alltid min längtan och passion att flöda i smörjelsen. Guds kärlek är lik en eld som brinner i våra hjärtan till frihet och upprättelse för varje människa. Av den anledningen kommer vår samverkan med Faderns kärlek att leda oss in i en livsstil fylld med Andens gåvor. Att längta efter de andliga gåvorna handlar om att älska människor, eftersom vi med nödvändighet behöver Guds kraft för att betjäna en värld i smärta.

Manifestationer av den helige Ande

Andens gåvor är manifestationer av personen den helige Ande. De är uttryck för Andens egen natur och karaktär. Det är Anden själv som framträder i dessa gåvor, genom den person Han väljer att använda vid ett givet tillfälle. Den helige Ande delar ut dessa gåvor som Han själv vill. *"Men hos var och en visar sig Anden så att det blir till nytta"* (1 Kor. 12:7). Jesus uppenbarar sin kraft och liv genom dessa gåvor och de ger oss förmåga att möta de behov vi är kallade att betjäna. Dessa gåvor tillhör inte den som fungerar i dem, utan är manifestationer av den helige Ande själv. Andens gåvor är inte heller naturliga gåvor eller motivationsgåvor. Att vara administrativt duktig, eller en händig person, är en naturlig talang som Gud har givit. Andens gåvor ges när den helige Ande framträder. Därför kan vi inte lära oss andliga gåvor bara genom att känna till de rätta principerna. Vi är beroende av Anden när det handlar om nådegåvorna. För att flöda i dessa gåvor behöver vi känna Givaren av gåvorna.

Andens gåvor

...den ene får av Anden ord av vishet, den andre får ord av kunskap genom samme Ande. En får tro genom samme Ande, en får gåvor att bota sjuka genom samme Ande, en annan att göra kraftgärningar. En får gåvan att profetera, en annan att skilja mellan andar. En får gåvan att tala olika slags tungomål, en annan att uttyda tungomål. Men i allt detta verkar en och samme Ande, som fördelar sina gåvor åt var och en som han vill (1 Kor. 12:8-11).

Här ser vi klart att Gud vill att alla troende ska fungera i Andens gåvor. Anledningen till detta är att vi behöver dem för att kunna nå världen med evangeliet och bygga upp Kristi kropp. Som vi har sett är Andens gåvor Guds kärleksspråk. De är i grunden ett uttryck för Faderns kärlek till oss människor. För att bättre kunna förstå dessa gåvor, följer nu en enkel definition av var och en av de nio Andens gåvor som räknas upp i 1 Korintierbrevet 12. Jag nämner dem bara i korthet här, eftersom jag i min tidigare bok, *Förvandlad Genom Guds Nåd,* har skrivit ganska mycket om dem. Andens gåvor brukar vanligtvis delas in i dessa tre kategorier:

- **Uppenbarelsegåvorna.** Detta är gåvor som *uppenbarar*.

Kunskapens Ord är en övernaturlig uppenbarelse från den helige Ande gällande nutid eller förfluten tid. Denna gåva ger kunskap om människor, platser eller händelser som vi i det naturliga inte kan veta något om. Denna gåva är till stor hjälp när vi betjänar den som är bunden eller bär på sår och trauman. Den hjälper oss att hitta roten till problemet mycket lättare. Då kan vi förmedla helande och frihet till de betryckta.

Visdomens Ord ger övernaturlig uppenbarelse genom den helige Ande, gällande Guds strategier för framtiden. Den här gåvan är viktig i vårt visionära arbete i Guds rike. Den hjälper oss att hitta lösningen på svåra situationer, men den förser också med vishet och strategi gällande utförandet av visionen Gud har gett.

Gåvan att skilja mellan andar ger övernaturlig uppenbarelse om vad som sker i den andliga verkligheten. Genom denna gåva kan vi känna, se och höra vad som händer där. Gåvan att skilja mellan andar hjälper oss i samarbetet med Guds änglar och den avslöjar demoniska strategier. Denna gåva har inget att göra med kritik eller felfinnande, utan hjälper oss att urskilja vilka andliga krafter som verkar.

- **Kraftgåvorna.** Detta är de gåvor som *gör* något.

Trons gåva är Guds egen tro som verkar genom oss. Denna gåva ger den troende en övernaturlig tro så vi kan förlösa mirakler och genombrott som är mycket större än vad vi själva har tro för. Vi kommer förr eller senare att möta utmaningar där vår tro inte räcker. Då kan vi genom trons gåva få del av Guds egen tro.

Kraftgärningarnas gåva är ett ingripande från den helige Ande som tillfälligt upphäver naturens lagar för att utföra ett mirakel. Ibland behöver vi ovanliga under som innebär något mer än en enkel beröring av Gud. Denna gåva förlöser dessa mirakler.

Gåvor att bota sjuka är manifestationer av den helige Andes helande kraft som läker trasiga själar, och sjuka kroppar. Gåvor att bota sjuka är den enda av Andens gåvor som nämns i plural. Den kan manifestera sig på många olika sätt och är nära kopplad med helandesmörjelsen, eftersom den nästan alltid resulterar i att många helandeunder förlöses på samma gång.

* **Talgåvorna.** Dessa är gåvor som *säger* något.

Profetians gåva förmedlar ett övernaturligt budskap från den helige Ande genom den troende. Att flöda i denna gåva innebär att man talar ut ett budskap från Gud. Detta kan ske genom ett direkt tilltal, syner och drömmar eller genom profetisk predikan och undervisning.

Gåvan att tala i tungor är tillgänglig för varje troende genom uppfyllelsen av den helige Ande (Mark. 16:17). Varje troende bör använda denna gåva, kanske framför allt i tillbedjan och bön. Tungotalet är vårt personliga bönespråk som vi använder till att tala hemligheter med Gud och bygga upp vår inre människa (1 Kor. 14:2, Judas 20). Denna gåva kan också användas till att ge ett profetiskt budskap i tungor, men då behöver detta budskap tolkas till ett begripligt språk (1 Kor. 14:5).

Gåvan uttyda tungotal ges av den helige Ande, för att vi skall tolka både vårt tungotal och ett allmänt budskap som förmedlats i tungor. Denna gåva är ofta Andens redskap till att ta människor in i det profetiska. Vi kan alla flöda i uttydningens gåva (1 Kor. 14:13-15). Att använda denna gåva ger insikt i de Guds mysterier som proklameras med hjälp av tungotalet.

Som Han vill

"Men i allt detta verkar en och samme Ande, som fördelar sina gåvor åt var och en som han vill" (1 Kor. 12:11). Eftersom Andens gåvor

är manifestationer av den helige Ande, kan vi aldrig kontrollera dem eller bestämma oss för att flöda i dem närhelst vi vill. Men vi kan och ska ivra efter dem, genom att växa i vår relation med den helige Ande så att våra hjärtan är i samklang med Hans. På så sätt förblir vi tillgängliga för Honom hela tiden. Vi bygger vår relation med den helige Ande genom att umgås med Honom och genom att förbli i Faderns kärlek. Det gör våra hjärtan mjuka och formbara i Hans händer. Då kan vi odla en livsstil där vi hänger oss åt den helige Ande. Det är sant att den helige Ande ger sina gåvor när och till vem Han vill, men samtidigt är Han betydligt mer angelägen att betjäna människor än vad vi är. När vi förblir ett med Faderns hjärta, kommer vi att flöda i dessa gåvor mer ofta än vi förväntat oss. Jesus är nämligen ständigt redo att älska människor genom oss.

Gud älskar människor mer än vi gör

Vetskapen om att Fadern älskar människor mycket mer än jag gör, har gjort det mycket lättare för mig att flöda i Andens gåvor. Innan jag förstod att det förhåller sig så, kände jag mig mycket mer begränsad i smörjelsen, eftersom jag då trodde att den helige Ande bara ville verka genom mig om jag var väl nog förberedd. Men så är inte alls fallet. Han är mycket mer ivrig att förlösa sin kraft än vad vi är redo att flöda i den. Han kommer att ta varje tillfälle att uppenbara vem Jesus är.

En gång talade den helige Ande till mig om detta i en konferens. Jag var på mitt rum och förberedde mig för att predika, men jag var väldigt trött. Jag var ärligt talat mer redo att gå och lägga mig och sova, än att predika och be för människor. När jag bad i mitt rum, visade den helige Ande mig att Fadern älskade deltagarna i konferensen mycket mer än jag gjorde. Jag såg plötsligt hur Han längtade efter att hela och befria de människor som kommit till konferensen. Det enda jag behövde göra var att predika Jesus och korsets kraft, sedan skulle den helige Ande ta över. Det var precis det som skedde. Vi såg hur Jesus förlöste många starka helanden och befrielser under denna konferens. Jesus längtar efter att älska människor igenom dig och mig!

Det här kan nog verka självklart, men det är stor skillnad mellan kunskap och uppenbarelse. Kunskap bygger på information och fakta, medan uppenbarelse ger andlig klarsyn som skapar tro. När den helige Ande talade till mig, såg jag Faderns hjärta för sitt folk. När jag såg Hans kärlek och medkänsla med dessa trasiga och slagna människor, kunde jag slappna av på ett nytt sätt. Jag visste att jag bara behövde dela evangeliet, och sedan kunde jag lita på att den helige Ande skulle göra resten. Den uppenbarelsen har förblivit hos mig och den har visat sig vara sann gång efter gång. Gud är inte beroende av vår perfekta förberedelse. Han behöver våra villiga hjärtan. Den helige Ande gör resten!

Att bygga upp Kristi kropp

Ett av de huvudsakliga syftena med Andens gåvor är att stärka och uppbygga Kristi kropp. Vi skall alltid söka dem i detta syfte. *"Så är det också med er. Eftersom ni är ivriga att få Andens gåvor, sök då sådana som bygger upp församlingen"* (1 Kor. 14:12). Vi kan inte älska Fadern, utan att också älska Hans barn. Att förbli i Faderns kärlek kommer att förvandla vårt hjärta så att det som är viktigt för Honom också blir viktigt för oss (Joh. 5:19). Faderns plan är att resa upp en stor familj av söner och döttrar som återspeglar Jesus. Hans önskan är att föra fram en vacker och fulländad brud som gåva till sin Son. Jesus är fokuserad på samma mål. Han för sin kropp till manlig mognad och Han identifierar sig med oss så mycket, att vi till och med gjorts till en ande med Honom (1 Kor. 6:17). När vi är kopplade med Hans hjärta, kommer vi uppfyllas av samma längtan att se Kristi kropp upprättad och uppbyggd. Eftersom Jesus alltid arbetar mot detta mål, kommer vi att vara i läge att fungera i andliga gåvor, när vi delar Guds vision om en förberedd och upprättad församling.

De viktigare gåvorna

Det finns en viktig princip när det gäller de andliga gåvorna som hjälper oss att flöda i Anden ännu mer frekvent. Den principen är att vi ska eftersträva de viktigare gåvorna. Paulus kallar några av de andliga gåvorna större, men det är inte för att de är bättre. De gåvor som kallas viktigare är de gåvor som uppenbarar Jesus mest i en given situation. *Den som profeterar är viktigare än den som talar tungomål, ifall han inte uttyder sitt tal så att församlingen blir uppbyggd"* (1 Kor. 14:5). Profetia anses viktigare än tungotalet när Kristi kropp kommer samman eftersom den gåvan uppmuntrar, tröstar och bygger upp församlingen (1 Kor. 14:3). Paulus talade mycket i tungor, men bland sina troende vänner ville han hellre säga något som hjälpte dem som var närvarande. *"Jag tackar Gud för att jag talar tungomål mer än någon av er. Men i församlingen vill jag hellre tala fem ord med mitt förstånd för att undervisa andra än tiotusen med tungomål"* (1 Kor. 14:18-19). Paulus prioritet, när han skrev till församlingen i Korint, var att bygga upp och stärka de troende på den platsen. Eftersom profetia är viktig för att styrka den troende så är den en viktigare gåva i just detta sammanhang. I ett annat sammanhang kan andra gåvor vara större, om de då visar på Guds hjärta. Ett exempel på detta finner vi när Jesus gav missionsbefallningen. Då lyfter Han fram andra manifestationer av Andens kraft.

Andliga gåvor och evangelisation

Jesus har sänt oss ut i världen för att predika evangeliet (Mark. 16:15-16). När Jesus sände ut sina lärjungar att predika Guds rike lovade Han att övernaturliga tecken och under skulle följa dem:

Dessa tecken ska följa dem som tror: I mitt namn ska de driva ut onda andar. De ska tala nya tungomål. De ska ta ormar med händerna, och dricker de något dödligt gift ska det inte skada dem. De ska lägga händerna på sjuka, och de ska bli friska (Mark 16:17-18).

Jesus lovar här att den helige Ande ska stadfästa evangeliet med helanden och befrielseunder. När vi skall vinna människor för Jesus är dessa gåvor mer nödvändiga och därför blir de viktigare just då. Under och tecken drar alltid människor till Kristus. De är vägvisare som pekar på Jesus och demonstrerar Guds kärlek. Vår Fader vill föra alla förlorade barn hem. Därför är Andens gåvor himmelens kärleksspråk. De används för att bärga in skörden. En del i att gensvara till Hans kärlek är att söka andliga gåvor, med en bön att Han skall använda oss på ett sätt som uppenbarar vem Jesus är. När vi flödar i Andens gåvor, blir Faderns hjärta synligt och människor dras då till Kristus.

Att förlita sig på den helige Andes övernaturliga verk

När vi läser igenom Apostlagärningarna och evangelierna är det tydligt hur beroende både Jesus och den tidiga kyrkan var av den helige Andes kraft. De hade gett sig helt åt Andens ledning. När Lukas beskriver Jesu tjänst, skriver han: *"I Andens kraft återvände Jesus till Galileen, och ryktet om honom gick ut i hela området"* (Luk. 4:14). När Petrus predikar i Kornelius hus, beskriver Jesu tjänst på ett liknande sätt: *"... hur Gud smorde Jesus från Nasaret med den helige Ande och kraft. Han gick omkring och gjorde gott och botade alla som var i djävulens våld, för Gud var med honom"* (Apg. 10:38). Att leva Kristuslikt, innebär att vara smord med Andens kraft så att vi kan proklamera frihet för de fångna och betryckta.

Vi kan se, både i Jesu tjänst och i Apostlagärningarna, hur under och tecken effektivt öppnade nya områden för evangeliet. Alla missionsresor som gjordes då var alltid ett gensvar på den helige Andes ledning. Vi är lika beroende av den helige Ande idag. Om vi vill att världen ska lära känna Jesus så behöver vi Andens kraft mer än någonsin. I många av de länder dit jag reser är det helt omöjligt att utföra något fruktbärande missionsarbete, om man inte flödar i den helige Andes kraft. Dessa kulturer är formade av en tro på det övernaturliga. Det är vanligt på dessa platser att häxdoktorer och avgudapräster utför demoniska mirakler. Detta blir mer och mer vanligt i västvärlden också. Personligen är jag övertygad om att det missionsarbete som inte åtföljs av under och tecken från Jesus, kommer bli alltmer irrelevant. Vi behöver en fräsch smörjelse varje dag så att vi kan uppenbara Hans kärlek till en brusten värld.

Att flöda i Andens gåvor

Som vi sett tidigare så äger vi inte Andens gåvor, och vi kan inte lära oss att använda dem genom tekniker eller principer. Vi är beroende av den helige Ande om vi vill flöda i smörjelsen, men det finns ändå nycklar som kan hjälpa oss att överlåta oss till den helige Ande och till att förbli tillgängliga för Honom:

1. **Odla intimitet med den helige Ande**
   Det viktigaste när vi söker Andens gåvor är att känna Givaren av gåvorna. Vi lär känna Jesu röst och Faderns hjärta genom att tillbringa tid med Gud. När vi gör det blir det lättare att fungera i Andens gåvor. Bön, soaking, fasta och att läsa Bibeln regelbundet är goda vanor som hjälper dig att bygga djupare gemenskap med Gud.

2. **Inse att Gud älskar människor mer än vi**
   Gud är mycket mer intresserad av att människor ska få kontakt med Hans hjärta, än vad vi är. Vi behöver aldrig övertyga honom om att ge andliga gåvor till oss. Det är precis tvärtom. Jesus vill nå människor med sin kärlek och Han söker efter någon som är tillgänglig att flöda in den helige Andes kraft.

3. **Be om de gåvor du längtar efter mest**
   När den helige Ande vill använda dig regelbundet i en speciell gåva, börjar det ofta med att Han lägger ned en längtan i hjärtat att bli använd i denna gåva. När du då

gensvarar till din längtan, genom att be att den gåvan du längtar efter skall flöda, brukar det ske ganska snabbt.

4. **Gå ut i tro**

Du behöver sätta dig i situationer där den helige Andes gåvor är nödvändiga, för att operera i dem. Den helige Ande kommer inte att ge gåvor, om det inte finns några behov för dem. Om du längtar efter att se sjuka helade, behöver du börja be för sjuka. Du kan göra det till en vana att fråga sjuka personer om du kan be för dem. Eller om du längtar efter att fungera i att ge kunskapens ord, börja då vittna för människor. Det finns många sätt som du kan stiga ut i tro. Den helige Ande längtar efter att du ska bli tillgänglig för Honom så att Han kan förlösa sin kärlek genom dig.

KAPITEL 18:
EN GENERÖS LIVSSTIL

Vår Far är mycket generös. Han älskar oss med en evig kärlek och därför vill Han ge oss de bästa gåvorna Han har att erbjuda. I sin stora kärlek gav Fadern den allra dyrbaraste och oskattbara gåva som någonsin getts. Han gav sin egen älskade Son till oss. *"Så älskade Gud världen att han utgav sin enfödde Son, för att var och en som tror på honom inte ska gå förlorad utan ha evigt liv"* (Joh. 3:16). Genom att Fadern gav Jesus till oss så visade Han sitt stora hjärta och sin generositet gentemot oss. Fadern har med detta visat hur värdefulla vi är för Honom. Ingenting var mer dyrbart för Fadern än den enfödde Sonen, Jesus Kristus. Eftersom Han gav Jesus för vår skull kan vi veta att Han inte håller någonting tillbaka.

Paulus ställer en fråga på det temat: *"Han som inte skonade sin egen Son utan utlämnade honom för oss alla, hur skulle han kunna annat än att också skänka oss allt med honom"* (Rom. 8:32)? Detta är såklart en retorisk fråga och svaret är tydligt för var och en som känner Fadern ens en aning. Det är Hans glädje att välsigna oss med alla himmelens rikedomar. Han har faktiskt redan gett oss hela sitt rike. *"Var inte rädd, du lilla hjord, för er Far har beslutat att ge er riket"* (Luk. 12:32). Eftersom hela Guds rike tillhör oss, har vi nu blivit välsignade med alla himmelska välsignelser i Kristus. De är vårt arv som Hans barn. Han är en mycket generös Pappa och därför är också generositet ett av kärnvärdena i Guds rike.

Generöst givande är en livsstil

Även om vi fokuserar en del på pengar i detta kapitel så handlar generöst givande om så mycket mer än bara det. Det är en livsstil som återspeglar Faderns hjärta. Att dela livet med andra innebär att vara generös med våra resurser. Det kan gälla vår tid, bön och förlåtelse. Generositet i Guds rike handlar om att formas av, och leva ut Jesu Kristi självutgivande kärlek. I min tidigare bok, *Förbli i Faderns kärlek*, tog vi upp hur Guds barns härliga frihet kunde summeras i detta enda ord: Kristuslikhet. Ett av de kraftfullaste sätt att återspegla Jesu liv är att vara en glad givare. Hans största uppdrag var ju att ge allt Han hade, för att återlösa och leda oss hem till Fadern. När vi lever ett generöst liv så fortsätter vi Hans uppdrag genom att återspegla Guds hjärta till världen. Då kan den helige Ande använda oss till att föra de förlorade hem igen.

Gud är en glad givare

Gud är en mycket glad och extremt generös givare. När vi ger i glädje och generositet liknar vi Honom. *"Men tänk på detta: Den som sår sparsamt får skörda sparsamt, och den som sår rikligt får skörda rikligt. Var och en ska ge vad han har bestämt i sitt hjärta, inte med olust eller tvång, för Gud älskar en glad givare"* (2 Kor. 9:6-7). När vi ger med glädje återspeglar vi Guds eget hjärta, eftersom Han är den gladaste givaren av alla. Han ger åt alla villigt och utan att kritisera (Jak. 1: 5). Att göra det vi ser Fadern göra innebär något mer än bara att följa Andens ledning. Det betyder att bli så ett med Hans hjärta att våra liv helt speglar vem Han är. Därför blir vi inte givare genom att lära oss givandets principer, utan genom att lära känna Faderns hjärta.

Bibeln har mycket att säga om givandets principer, men den äkta generositeten växer i vårt hjärta som en frukt av att vi har blivit rotade i Faderns kärlek. Då kommer glädjen i vårt givande växa, eftersom kärlekens natur är att vara generös. Jesus gav sitt liv för att vi skulle få ekonomisk upprättelse och välsignelse. *"Ni känner ju vår Herre Jesu Kristi nåd. Han var rik men blev fattig för er skull, för att ni genom hans fattigdom skulle bli rika"* (2 Kor. 8:9). Jesus bröt fattigdomens ok, och välsignade oss med en upprättad ekonomi genom sitt verk på korset. Han har välsignat oss med ekonomiskt överflöd. Det är vår förstfödslorätt som Guds barn.

Vår Fader vill att vi ska ha ett överflöd att ge

"Och Gud har makt att ge er all nåd i överflöd, så att ni alltid och i allt har nog av allt och kan ge i överflöd till varje gott verk" (2 Kor. 9:8). När vi omfamnar en generös livsstil så är våra hjärtan i samklang med Guds eget. Han vill att vi ska vara välsignade i överflöd så att vi kan ge ännu mer. Gud vill att vi ska ha mer än nog till att välsigna allt gott verk i Guds rike och samtidigt leva i den härliga glädje som kommer av givandet. Det är få saker som har talat lika starkt till mig om Guds kärlek, som när någon har givit mig en generös gåva. Jag kan minnas åtskilliga sådana tillfällen och de finns kvar i mitt hjärta som en tacksägelse till Gud.

Ännu mer fantastiskt har det varit när min fru och jag har kunnat välsigna andra med gåvor. När generöst givande blir vår livsstil, kommer Faderns kärlek uppenbaras bland oss. Vi kommer då att se ett övernaturligt inflöde av rikedom från världen in i Guds rike. I Apostlagärningarna kopplas en generös livsstil ihop med den helige Andes verk i den första församlingen. Jag tror att den principen kan tillämpas också i vår tid. Den människa som har berett utrymme för den helige Ande i sitt liv, kommer också att ha ett generöst hjärta!

Att dela vad vi har

Som troende har vi blivit kallade till att vara ett i själ och hjärta, och leva ut den enhet vi har fått i Kristus. Standarden för detta sattes redan av den första församlingen i Jerusalem. *"Hela skaran av dem som kommit till tro var ett hjärta och en själ, och ingen kallade något av det han ägde för sitt utan de hade allt gemensamt. Med stor kraft bar apostlarna fram vittnesbördet om Herren Jesu uppståndelse, och stor nåd var över dem alla"* (Apg. 4:32-33). Att kunna leva som ett hjärta och en själ, kräver att vi är beredda att leva en generös livsstil där vi lär oss dela livet tillsammans. Detta är inte enbart begränsat till våra pengar, utan inkluderar även våra gåvor, vår tid och ägodelar, och ytterst sett också hela vårt liv. Vi är kallade att lägga ned allt vi har vid Jesu fötter. Denna självutgivande och radikala generositet var kopplad med det rika mått av nåd som vilade över den tidiga församlingen.

Nåd är Guds förmåga som verkar genom oss, så att vi kan vara och göra allt vi är kallade att vara och göra i Guds rike. Det finns en nåd för givande som utrustar oss att leva i den självutgivande kärleken från Jesus. När vi lever i den enhet som växer fram i en generös livsstil, kommer stor nåd förlösas över oss. Denna stora favör kommer möta alla behov i våra församlingar. Det kommer att ske delvis genom våra generösa gåvor, men det förlöser också en smörjelse för överflöd. En generös livsstil ger alltid en skörd av rikedom och välsignelse till oss. Vi ser hur detta förlöstes i den första församlingen, när de kom in i Guds generositet: *"Ingen av dem led någon brist, för alla som hade mark eller hus sålde sådant som de ägde och bar fram betalningen för det som sålts och lade ner det vid apostlarnas fötter. Och man delade ut åt var och en efter hans behov"* (Apg. 4:34-35). De verkliga djupen i Guds kärlek blir synlig i den gemenskap som tillämpar radikal generositet.

Nåd för radikal generositet

Detta betyder att det finns en himmelsk smörjelse för generositet och givande. Denna smörjelse utrustar oss med kapacitet att ge långt mer än vad som skulle ha varit möjligt i det naturliga. Vårt mål bör vara att leva i denna övernaturliga smörjelse hela tiden. Vi ser hur givandets nåd fungerar, när Mose samlade in ett offer för att bygga tabernaklet i öknen. *"Sedan kom de tillbaka, var och en som manades till det i sitt hjärta, och var och en som hade en villig ande bar fram en gåva åt Herren till arbetet på uppenbarelsetältet, till tjänsten där och till de heliga kläderna"* (2 Mos. 35:21, se också 2 Mos. 35:26, 29). Notera att deras hjärtan manades och att deras ande var villig. Det var den helige Ande som manade dem så att de ville ge. Han gav en smörjelse och nåd för radikal generositet till sitt folk så att de gav en överflödande gåva. Det slutade med att de gav så mycket, att Mose tvingades be dem avbryta givandet:

Folket bär fram mer än vad som behövs för att göra det arbete som Herren har befallt oss att utföra. Då befallde Mose att man skulle kungöra i lägret: Ingen, vare sig man eller kvinna, ska göra något mer för att ge till helgedomen. Så hindrades folket från att bära fram fler gåvor (2 Mos. 36:5-6).

Att läsa om hur folket gav en så generös gåva har inspirerat, men också utmanat mig att be Fadern förlösa denna smörjelse över oss ännu mer! Vi behöver smörjelsen för radikal generositet i vårt givande så att vi kan täcka alla befintliga utgifter för att utbreda Guds rike och predika evangeliet. Föreställ dig hur det ser ut när vi flödar i en så stor generositet att ledarna i våra församlingar måste hindra oss från att ge mer, eftersom vi redan har gett för mycket. Det kommer att leda till att vi får tag på den stora välsignelsen av rikedom som Gud har lovat oss!

Nåd som förlöser rikedom och överflöd

Vi finner ett starkt profetiskt löfte gällande rikedomar som skall föras in i Guds rike i Jesaja bok: *"Då ska du se det och stråla av fröjd, ditt hjärta ska bäva och vidga sig, för havets rikedomar ska föras till dig, folkens skatter ska tillfalla dig"* (Jes. 60:5). Detta löfte ges mitt i en profetia om den upprättade församlingen som håller på att resas upp, i takt med att vi intar vår identitet som Guds barn. När detta sker, kommer vi att se ett övernaturligt inflöde av rikedomar från världen in i Guds rike. Vi behöver en djupare uppenbarelse om Faderns godhet för att ta emot denna välsignelse. Han vill ge oss mer än nog och slösa så mycket favör på oss, att Jesus lyser fram genom våra liv överallt. Profeten Jesaja inleder detta profetiska uttalande jag just citerade genom att förklara: *"Stå upp, stråla, för ditt ljus kommer och Herrens härlighet går upp över dig. Se, mörker ska täcka jorden och töcken folken, men över dig ska Herren gå upp, hans härlighet ska uppenbaras över dig. Hednafolk ska vandra i ditt ljus och kungar i glansen som går upp över dig"* (Jes. 60:1-3). När vi flödar i smörjelsen av generositet och överflöd kommer vi att stå upp och stråla. Nationerna och deras kungar kommer att dras till oss för att ta emot vishet och uppenbarelse. De kommer att se Jesu Kristi härlighet genom oss!

Att vara trygg i överflöd

Ibland kommer invändningen att pengar är roten till allt ont när jag talar om Guds plan för ekonomisk välsignelse och överflöd. Men det står faktiskt inte så i det bibelställe som citeras när man ger denna invändning. Så här skrev Paulus om pengar:

De som vill bli rika råkar ut för frestelser och snaror och många oförnuftiga och skadliga begär som störtar människor i fördärv och undergång. Kärlek till pengar är en rot till allt ont. I sitt begär efter pengar har vissa kommit bort från tron och vållat sig själva mycket lidande (1 Tim. 6:9-10).

Det står faktiskt att kärleken till pengar är *en* rot till allt ont, inte att det är *den enda* roten till allt ont. Även om denna invändning vanligtvis kommer från fruktan och religiösa tankebyggnader, så ligger det lite sanning i det. Detta är en varning till människor som vill bli rika och vars motivation är kärleken till pengar. Men jag tror inte att detta kan tillämpas på dig och mig, eftersom vår motivation är att älska Fadern och spegla Hans hjärta. När Hans kärlek fyller våra liv, vill vi ha ett överflöd eftersom vi är glada givare.

Att förbli i Hans kärlek gör oss till goda förvaltare av ekonomisk välsignelse, för vår längtan blir då att hjälpa människor i behov. Lösningen till att inte bli fångad av kärleken till pengar är inte att bli fattig. Vi bryter girighetens makt genom att växa i generöst givande. Jesus sade: *"Ingen kan tjäna två herrar. Antingen kommer han att hata den ene och älska den andre, eller hålla fast vid den ene och förakta den andre. Ni kan inte tjäna både Gud och mammon"* (Matt. 6:24). Vi bör komma ihåg denna varning när vi studerar vad Bibeln har att säga om vår generositet och ekonomiskt överflöd. Jesus fortsätter sin undervisning, genom att uppmuntra oss att förtrösta på att vår Far skall förse oss med det vi behöver när vi söker Guds rike: *"Sök först Guds rike och hans rättfärdighet, så ska ni få allt det andra också"* (Matt. 6:33). Vårt fokus ska vara att bygga en djupare relation med Fadern och leva generöst. Men samtidigt kan vi lita på att Han slösar sin kärlek och sitt överflöd över oss så att vi kan ge i överflöd till varje gott arbete!

Sådd och skörd

Även om allt givande börjar med att vårt hjärta blir förvandlat i mötet med Faderns kärlek, finns det ändå ett antal goda bibliska principer när det kommer till givande. En sådan princip är lagen om sådd och skörd.

Bedra inte er själva, Gud lurar man inte: det människan sår ska hon också skörda. Den som sår i sitt kött får av köttet skörda undergång, men den som sår i Anden får av Anden skörda evigt liv (Gal. 6:7-8).

Världen behärskas av principen av att arbeta och förtjäna sin lön, men i Guds rike är det principen om sådd och skörd som gäller. Den sådd vi sår, kommer alltid tillbaka till oss i form av en större skörd. Om vi vill se god skörd i våra relationer, skall vi så mycket kärlek, godhet och nåd in i dessa relationer. Detsamma gäller för vår ekonomi. Det är bra att arbeta hårt och ha en god etik, men nyckeln till ekonomiskt genombrott finns i vårt givande. Vi kan aldrig överträffa Guds generositet. Den skörd Han ger, kommer alltid vara större än det mått som vi använde när vi sådde. Han är både generösare och rikare än oss, och Han välsignar alltid i överflöd!

Generositet och våra attityder

Principen gällande sådd och skörd kan tillämpas på många fler områden än det ekonomiska. Om vi vill utveckla goda relationer är denna princip viktig. Jesus tog upp vår attityd gentemot andra när Han undervisade om sådd och skörd: *"Döm inte, så blir ni inte dömda. Fördöm inte, så blir ni inte fördömda. Förlåt, så blir ni förlåtna. Ge, så ska ni få. Ett gott mått, packat, skakat och rågat, ska ni få i er famn. Med det mått som ni mäter med ska det mätas upp åt er"* (Luk. 6:37-38). Något som kännetecknar ett generöst hjärta är att man är snabb att förlåta och sen att döma människor. Generositetens natur är att alltid se och tro det bästa om människor. Jag har lärt mig detta när jag rest och predikat i olika kyrkor. Många av dessa kyrkor kan ibland stå för en teologi som jag inte alltid håller med om. Deras sätt att fira gudstjänst och uttrycka lovsång kan vara annorlunda, och ibland håller de fast vid traditioner som jag har blivit löst från.

När jag började som resande predikant för flera år sedan, var jag snabb att fästa mig vid skillnader i tro och praktik för att utröna vad som skilde oss åt. I mitt hjärta kunde jag nog vara dömande mot människor som enligt min uppfattning höll fast vid felaktigt tänkande och döda traditioner. Detta resulterade i att jag blev mycket begränsad i mitt sätt att betjäna dem. Med tiden insåg jag att Jesus var långt mer generös och tålmodig än jag. Allt eftersom jag vuxit i kärlek har jag börjat se Kristi kropp genom Hans ögon, och idag har mitt fokus skiftat så jag inte längre lägger märke till obetydliga skillnader på samma sätt.

Vi är alla förenade i Faderns kärlek, och mitt fokus är nu på vad Jesus gör när han bygger sin församling. Det är mycket roligare och betydligt mer berikande, att ha en generös attityd gentemot mina syskon. Det har förlöst en ny nivå av favör i mitt samarbete med olika kyrkor och ledare. Jag är inte omtyckt överallt men de allra flesta församlingar jag besökt under mina resor, har varit väldigt generösa och tålmodiga gentemot mig. Vi bör ta chansen att så barmhärtighet och nåd så ofta vi kan. Vi behöver ju massor av barmhärtighet och nåd själva, och då är det bra om vi sår det.

Att vänta på skörden

En av anledningarna till att vi missar skörden är att vi förväntar oss alltför snabba resultat. När vi inte ser frukten så snabbt som vi hoppats blir vi otåliga och ger upp. Paulus uppmuntrar oss att *"…inte tröttna på att göra gott, för när tiden är inne får vi skörda om vi inte ger upp. Så låt oss därför göra gott mot alla medan vi har tillfälle, och särskilt mot dem som tillhör trons familj"* (Gal. 6:9-10). Det tar alltid tid för skörden att mogna. Därför måste vi lära oss att vänta tålmodigt. Medan vi väntar på skörden bör vi fortsätta att så generöst, i vetskap om att vår Far kommer att infria sina löften. Paulus uppmuntrar oss att göra gott mot alla men speciellt mot våra trossyskon. När vi fortsätter göra det kommer vi alltid att få skörda när tiden är inne. Vi vet inte alltid när tiden kommer, men vi vet att den gör det, eftersom Guds rike bygger på sådd och skörd. *"Guds rike är som när en man sår säd i jorden. Han sover och stiger upp, natt blir dag och säden växer och skjuter i höjden, han vet inte hur. Av sig själv ger jorden gröda: först strå, sedan ax och sedan moget vete i axet"* (Mark 4:26-27). Vi vet inte hur säden mognar till skörd, men vi kan lita på att Gud kommer att åstadkomma detta.

Precis som vi har lagar i naturen så finns det också lagar i Guds rike. En sådan lag är att sådd alltid producerar större skörd efter sitt eget slag. Så fungerar det också i Guds rike och den lagen är tänkt att verka för oss på ett enkelt och naturligt sätt. När vi lär oss att samarbeta med denna lag, kan vi avsiktligt så rätt slags säd och veta att en mycket större skörd kommer förr eller senare. *"Av sig själv ger jorden gröda: först strå, sedan ax och sedan moget vete i axet. Och när grödan är mogen låter han genast skäran gå, för skördetiden är inne"* (Mark 4:28-29).

Att utveckla en generös livsstil

Generöst givande uppenbarar Faderns hjärta. Han är den mest generösa och gladaste givaren av alla. Hela livet påverkas när vi utvecklar en generös livsstil. I nedanstående lista lyfter jag fram några områden där vår generositet kan bli en stor välsignelse för andra människor:

1. **Tid och uppmärksamhet**
   Många människor känner sig väldigt ensamma i vår tid. Den främsta anledningen till det är förmodligen att vi lever i en extremt individualistisk kultur, där vi inte har utrymme för vår nästa. Att då bjuda in människor i våra liv genom att ge dem av vår tid och uppmärksamhet, blir därför en profetisk handling. Genom att vi är generösa med uppmärksamhet och vår tid, visar vi Guds kärlek.

2. **Nåd och förlåtelse**
   Människor kommer alltid behöva mycket förlåtelse och nåd, men de flestas erfarenhet har varit att det har funnit mycket lite av detta. Eftersom vi känner Jesus har vi en outsinlig källa av nåd och förlåtelse att dricka ur. Vi har därför råd att vara väldigt generösa med förlåtelse och nåd gentemot vår nästa.

3. **Uppmuntran**
   En generös person kan se det goda som Gud gör i andra människor och älskar därför att uppmuntra sina vänner. Jag har sett kraften av uppmuntran i mitt eget liv många gånger. Vår himmelske Fader är en otrolig uppmuntrare och vi har förmånen att återspegla Hans hjärta genom att vara uppmuntrare som står med människor i deras olika utmaningar.

4. **Pengar**

Jag älskar att välsigna olika tjänster och organisationer, både genom att köpa deras material och givande. Att ge ekonomiska gåvor till människor är en annan stor glädje för oss troende. Fråga Jesus om Han vill använda dig till att välsigna någon med en ekonomisk gåva idag!

5. **Våra talanger och gåvor**

Jag tror att en av de stora anledningarna till att vi har så många olika gåvor, är att Gud inte vill att vi ska fullfölja våra kallelser oberoende av andra. Vi är kallade att vara generösa med att hjälpa varandra att fullgöra Guds vilja. Vi har gåvor som andra inte har och genom att hjälpa dem att lyckas, hjälper vi Guds rike framåt. Därigenom lever vi i vår egen kallelse.

6. **Vårt vittnesbörd och erfarenhet av att leva med Gud**

Vårt vittnesbörd och vår erfarenhet med Gud är mycket dyrbara. Vishet växer till i vårt hjärta när vi lever ut den uppenbarelse som den helige Ande har gett till oss. Du kan hjälpa dina bröder och systrar genom att dela dina erfarenheter av att vandra med Gud.

7. **Vår tillbedjan och förbön**

Vi kan vara generösa genom att ta tid i förbön varje dag. Jag har gjort det till en vana att be för människor så snart Jesus har lagt dem på mitt hjärta, eller när jag hör att de har en utmaning att ta itu med. Då får jag vara med och bana väg för Guds vilja och Hans välsignelser in i deras liv. Det är en härlig möjlighet!

8. **Var gästvänlig**

Att ha ett öppet hem dit människor är välkomna, är en stor gåva. Jag kommer ihåg vilket intryck det gjorde på mig som ny i tron, att se sunda kristna familjer. Insikten om att det går att bygga ett hem med Jesus i centrum, förde med sig mycket av tröst och helande till mitt hjärta. Jag blev helad av att möta generositeten hos bröder och systrar i Kristus. Jag är inte ensam om den upplevelsen. Att välkomna någon som gäst i ditt hem kan ge mycket hopp och helande till den personen. Eftersom frälsning betyder att få komma hem till Fadern så är gästfrihet ett bra sätt att återspegla Hans hjärta och generösa karaktär.

KAPITEL 19:
MISSION- ATT NÅ VÄRLDEN MED FADERNS KÄRLEK

Åt mig har getts all makt i himlen och på jorden. Gå därför ut och gör alla folk till lärjungar! Döp dem i Faderns och Sonens och den helige Andes namn och lär dem att hålla allt som jag befallt er. Och se, jag är med er alla dagar till tidens slut (Matt. 28:18-20).

Det är svårt att nämna Faderns kärlek utan att tänka på mission också. Den förmodligen mest kända versen i hela Bibeln talar om hur Guds kärlek till världen förlöste en stark missionsrörelse. *"Så älskade Gud världen att han utgav sin enfödde Son, för att var och en som tror på honom inte ska gå förlorad utan ha evigt liv. Gud har inte sänt sin Son till världen för att döma världen, utan för att världen ska bli frälst genom honom"* (Joh. 3:16-17). Fadern älskar världen och Han vill att alla skall bli frälst. Det var detta som drev Fadern att sända Jesus till världen. Hans hjärta är fyllt med en djup längtan efter att varje människa ska komma hem till Honom. *"Detta är gott och rätt inför Gud, vår Frälsare, som vill att alla människor ska bli frälsta och komma till insikt om sanningen"* (1 Tim. 2:3-4). Det är en omöjlighet att förbli i Faderns kärlek, utan att fyllas av en längtan efter att nå människor med evangeliet. Det är på grund av att den längtan finns i Faderns hjärta som Jesus har sänt oss att predika evangeliet och göra lärjungar i alla nationer.

Faderns längtan är vårt uppdrag

Genom att finna vägar att bli involverad i mission gensvarar vi till den djupaste längtan i Faderns hjärta, eftersom Han alltid har velat ha en stor familj. När Jesus kallar oss att gå ut i hela världen för att predika evangeliet, är detta en inbjudan till att samarbeta med Fadern, så att Han kan få det Han längtar efter mest. Vi får vara med och dela Hans kärlek till världen. Grunden för allt sann mission måste vara en längtan att nå ut med evangeliet om Jesus, eftersom det endast är genom Honom som man kan komma hem till Fadern. All annan aktivitet i Guds rike är ett gensvar på att människor får lära känna Faderns hjärta genom Jesus Kristus.

När vi läser hur Jesus sänder oss till hela skapelsen, kan vi höra den längtan som finns i Faderns hjärta om att mänskligheten ska återvända hem. *"Gå ut i hela världen och förkunna evangeliet för hela skapelsen. Den som tror och blir döpt ska bli frälst, men den som inte tror ska bli fördömd"* (Mark 16:15-16). Att gensvara till kallelsen att gå ut och predika evangeliet, betyder att vi kopplar ihop med det som Faderns längtar efter att Jesus skall bli känd överallt, och att Hans verk på korset skall bli upplyft över hela världen.

Förvänta att tecken och under ska åtfölja evangeliet

Jesus lovar att ge övernaturlig hjälp när vi predikar evangeliet: *"Dessa tecken ska följa dem som tror: I mitt namn ska de driva ut onda andar. De ska tala nya tungomål. De ska ta ormar med händerna, och dricker de något dödligt gift ska det inte skada dem. De ska lägga händerna på sjuka, och de ska bli friska"* (Mark 16:17-18). Den helige Ande förhärligar alltid Jesus och ett av de sätt Han gör det på, är genom tecken, under och mirakler. Vi upptäckte tidigare att Andens gåvor är himlens kärleksspråk till världen. Få saker ger ett så starkt vittnesbörd om Guds kärlek som under och tecken. All sann evangelisation skall ske i Andens kraft, för Guds kärlek är en aktiv kraft som förmedlar helande och befrielse var den än är utgjuten. Att fungera i andliga gåvor är inte en fråga huruvida vi föredrar kristen karismatik. Det är en fråga om kärlek för vår Fader är villig att göra allt som krävs för att rädda människor. Eftersom tecken och under vittnar så kraftfullt om Jesu seger, bör vi bära på en djup längtan efter Andens gåvor.

Kraftevangelisation har gjort starkt intryck på mig

Jag har personligen varit med oräkneliga gånger när under och tecken har lett till frälsning för många. Första gången jag var på missionsresa fick jag se hur blinda människor fick synen tillbaka, och hur döva öron öppnades genom Guds kraft. Det ledde till att många tog emot Jesus. Det har gjort starkt intryck på mig när jag fått predika evangeliet i nationer där jag varit helt obekant med kulturen, och inte heller kunnat tala landets språk. Men på dessa platser har jag sett hur Jesus har gjort dramatiska mirakler, när människor har blivit uppresta från rullstolar och helade från ett antal obotliga sjukdomar. Jag har bevittnat hur Jesus befriat från demoniska bojor och döpt människor i den helige Ande och eld (Luk. 3:16). Tecken och under förlöser kraftfulla demonstrationer av Faderns kärlek, och de uppenbarar Hans hjärta mer än nästan något annat. Jag har lärt känna Hans hjärta och sett Hans kärlek på ett djupare sätt när jag har flödat i Andens gåvor. Tecken och under har då skett för att leda förlorade själar till Jesus Kristus.

Faderns kärlek är en aktiv kraft

Faderns kärlek är en aktiv kraft som räddar från mörkrets makt och denna kraft är nu verksam genom enkla människor som du och jag. Jag bestämde tidigt i mitt liv med Jesus att jag skulle åka på missionsresor varje år, för att dela Kristi kärlek med världen. Han lovade oss: *"Be mig, så ger jag dig hednafolken till arvedel och hela jorden till egendom"* (Ps. 2:8). Fadern sade detta till Jesus, men vi är Hans representanter här på jorden idag så detta löfte tillhör oss. Världen är nu vår arvedel, vilket innebär att vi kan komma till Fadern och be om nationerna (Rom. 4:13). När vi gensvarar till Guds kärlek genom att säga ja till missionsbefallningen, blir vi en del av Faderns plan att nå alla folk och nationer. Vi får se hur de blir förvandlade av Guds kärlekskraft. Jesus har öppnat vägen hem för varje människa. Han har genom korset tagit bort världens synd och försonat oss med Gud. Därför kan alla som vill nu ta emot frälsning genom Jesus Kristus.

Jesus har tagit bort världens synd

När Johannes vittnade om Jesus, proklamerade han tydligt: *"Se Guds Lamm som tar bort världens synd!"* (Joh. 1:29). Jesus lyckades med sitt uppdrag, vilket betyder att hela världens synder nu har blivit borttagna. Hela världen är försonad med Gud genom Jesus Kristus. Gud jobbar ständigt på att vinna människors hjärtan och föra dem till sig. Paulus skriver: *"Gud beslöt att låta hela fullheten bo i honom och genom honom försona allt med sig själv, sedan han skapat frid i kraft av blodet på hans kors – frid genom honom både på jorden och i himlen"* (Kol. 1:19-20). Genom Kristi kors är allt, både i himlen och på jorden nu försonat med Gud. Jesus har burit bort all världens synd och öppnat en ny och levande väg hem till Far. Synd kommer aldrig mer vara ett hinder för människor som vill komma till Gud. Vi har fått det underbara privilegiet att upplysa världen om Jesus har öppnat dörren in i Guds rike!

Låt försona er med Gud!

Det Jesu försoning åstadkom, är så radikalt goda nyheter att det många gånger är svårt för oss att förstå. Paulus skriver dessa ord till församlingen i Korint:

Allt kommer från Gud, som har försonat oss med sig själv genom Kristus och gett oss försoningens tjänst. Gud var i Kristus och försonade världen med sig själv. Han tillräknade inte människorna deras överträdelser, och han har anförtrott oss försoningens ord (2 Kor. 5:18-19).

Återigen kan vi se att Gud inte tillräknar människor deras synder och överträdelser, eftersom Jesus redan har tagit dem på korset.

Paulus fortsätter med att förklara hur vi nu har fått försoningens ämbete. Vi har nu fått mandat från Jesus att förkunna dessa goda nyheter överallt: *"Vi är alltså sändebud för Kristus, och Gud vädjar genom oss. Vi ber på Kristi uppdrag: låt försona er med Gud! Han som inte visste av synd, honom gjorde Gud till synd i vårt ställe, för att vi i honom skulle bli rättfärdiga inför Gud"* (2 Kor. 5:20-21). Människor låter sig försonas med Gud när de tar emot Jesus som frälsare och Herre (Rom. 10:9-10).

Försonad genom Hans död – Fräst genom Hans liv

Hela världen har blivit försonad med Fadern genom Jesu verk på korset och genom att ta emot Jesus som frälsare, får alla som vill nu del av Hans liv och blir födda på nytt.

När vi nu har förklarats rättfärdiga genom hans blod, hur mycket mer ska vi då inte genom honom bli frälsta från vredesdomen? För om vi som Guds fiender blev försonade med honom genom hans Sons död, hur mycket mer ska vi då inte som försonade bli frälsta genom hans liv (Rom. 5:9-10).

Några har ibland dragit slutsatsen att eftersom Jesus har försonat hela världen så kommer alla till slut bli frälsta. Denna lära brukar oftast kallas för universalism och bygger på antagandet att Gud alltid får det Han vill. Eftersom Han vill att alla skall bli frälsta, kommer det till sist att bli så, menas det då. Man menar också att Guds allmakt alltid övertrumfar människans vilja, och att även de som inte velat ta emot Jesus därför till slut blir frälsta, men det är inte sant. Denna lära underskattar syndens allvar, men den underminerar också människans ansvar och frihet.

Syndernas förlåtelse är nödvändigt för vår frälsning men det är inte tillräckligt. Den syndare som är död i sin synd behöver också göras levande. För att en någon skall bli frälst och pånyttfödd, krävs att personen blir delaktig av Jesu Kristi eget liv.

Och detta är vittnesbördet: Gud har gett oss evigt liv, och det livet är i hans Son. Den som har Sonen har livet. Den som inte har Guds Son har inte livet" (1 John 5:11-12). Vi får bara del av evigt liv genom att ta emot Jesus. Människor äger inte det eviga livet i sig själv, utan bara genom att ta emot Guds liv. *"Den som tror på Sonen har evigt liv. Den som inte lyder Sonen ska inte se livet, utan Guds vrede blir kvar över honom"* (Joh. 3:36). Jesus är livets träd och genom att ta emot Honom får människor tillträde till att äta frukten från det trädet. Då får vi del av Jesu liv och den nya födelsen sker. I den nya födelsen har vi tagit emot överflödande liv och frihet från all skuld och fördömelse (John 5:24).

Motiverade av Guds kärlek

När vi blivit rotade och förankrade i Kristi kärlek kommer Hans önskningar och passion bli vår drivkraft. Det är enkelt att se vad som motiverar Jesus. *"Människosonen har kommit för att söka upp och frälsa det som var förlorat"* (Luk. 19:10). När Jesus talar om det som var förlorat så åsyftar Han de människor som är döda i sin synd. Jesus är motiverad av en passionerad, brinnande kärlek för de förlorade. Han vill se riklig frukt av sitt lidande i form av att många förlorade själar blir födda på nytt, genom att ta emot Honom som Herre och Frälsare. Paulus ger oss mer insikt i det som motiverar Jesus, i följande citat: *"Det är ett ord att lita på och värt att tas emot av alla, att Kristus Jesus kom till världen för att frälsa syndare – och bland dem är jag den störste!"* (1 Tim. 1:15). Jesus drevs av längtan att föra människor tillbaka hem till Fadern. Mer och mer kommer det att bli vår motivation också, allt eftersom vi förvandlas genom Kristi kärlek.

När vi lär känna Hans hjärta kommer vi att bli motiverade att nå världen med evangeliet. I proportion till hur mycket vi låter oss formas och förvandlas av Jesus så kommer också vår längtan och nöd för människors frälsning att växa. Paulus skrev att han var driven av Kristi kärlek (2 Kor. 5:14-15). När vi grips av kärleken från Jesus kommer den bli vår drivkraft att predika. Ett religiöst förhållningssätt till mission bygger på skuld och går alltid ut på att vi är skyldiga att vittna som goda kristna. När vi däremot vill vittna som ett gensvar till Faderns kärlek, sker det alltid utifrån tacksamhet till att Han har älskat oss först.

Att bli bränd av en religiös press att evangelisera

Några av er kanske har blivit brända av ett lagiskt sätt att närma sig mission och evangelisation. Jag möter alltför många troende som har känt sig drivna att evangelisera, på grund av skuld och dåligt samvete. Detta har drivit dem att göra saker de egentligen aldrig velat göra. Om du råkat ut för detta, bör du inte ignorera dina sår. Inte heller ska du "skärpa dig och bara komma över det". Gå i stället med dina besvikelser och sår till Fadern, för Han vill trösta dig och läka ditt hjärta. Han vill rena ditt inre från alla religiösa predikningar du har hört om mission och i stället fylla dig med sin kärlek till de människor som är förlorade i synd och mörker. Det finns helande och förnyad vision för dig när du får tag på Hans kärlek på ett nytt sätt.

Jesu hjärta

Jesus gick omkring i alla städerna och byarna, och han undervisade i deras synagogor och förkunnade evangeliet om riket och botade alla slags sjukdomar och krämpor. När han såg folkskarorna förbarmade han sig över dem, för de var härjade och hjälplösa som får utan herde (Matt. 9:35-36).

I denna text finns flera viktiga saker att ta med sig när det gäller mission och evangelisation. Närhelst Jesus predikade Guds rike, stadfästes alltid hans förkunnelse med under och tecken. Detta skall vara det normala även för oss idag, eftersom evangelium är Guds kraft. Tecken och under kommer att följa när vi predikar Kristus. En annan viktig sak att lägga märke till är att när Jesus såg folkets smärta, uppfylldes Hans hjärta av medkänsla. Han vill fylla vårt hjärta med sin medkänsla till människor. När Jesus såg skarornas stora behov av försoning och upprättelse, manade Han oss att be: *"Skörden är stor men arbetarna är få. Be därför skördens Herre att han skickar ut arbetare till sin skörd"* (Matt. 9:37-38). Låt oss be att Fadern sänder ut många arbetare till skörden. Vårt problem är inte att skörden inte är redo. Människor är mer öppna för evangeliet än någonsin. De väntar bara på någon som vill dela evangeliet med dem. Vårt problem är att vi behöver fler arbetare, eftersom skörden är så stor.

Skörden är redo

Ett djävulens allra största bedrägerier är att försöka övertyga oss om att människor inte är intresserade av att höra evangeliet. Han vill lura oss att tro att vi lika gärna kan vara tysta, eftersom ingen ändå vill lyssna till oss. Men detta är en stor lögn! Fälten är just nu mer mogna för skörd än någonsin.

Säger ni inte: 'fyra månader till, sedan kommer skörden'? Men se, jag säger er: Lyft blicken och se hur fälten har vitnat till skörd. Redan nu får den som skördar sin lön. Han samlar in frukt till evigt liv, så att den som sår och den som skördar får glädja sig tillsammans (John 4:35-36).

Vi lever i en tid när människor kämpar mer än någonsin med psykisk ohälsa och problem med sin identitet. Deras hjärta ropar efter Jesus men de vet inte vem Han är än. Därför finns det också mer behov än någonsin av goda nyheter som kan erbjuda hopp och hälsa för trasiga själar. Vi förvaltar ju världens bästa nyheter och skörden är mogen just nu. När vi börjar sprida dessa goda nyheter kommer många människor få möta Jesus och ledas hem till Fadern!

Vi gör det tillsammans

Jesus fortsätter sin undervisning med att säga: *"Här stämmer ordet att en sår och en annan skördar. Jag har sänt er att skörda där ni inte har arbetat. Andra har arbetat, och ni har gått in i deras arbete"* (Joh. 4:37-38). Det är vår kallelse att göra alla nationer till lärjungar, men detta är inte ett individuellt kall. De goda nyheterna är att denna kallelse har blivit given till Kristi kropp. Bördan av att nå de förlorade vilar aldrig på dig och mig som individer, utan på oss. Vi förvaltar detta uppdrag tillsammans och vi är beroende av Guds nåd för att få jobbet gjort.

Vi arbetar tillsammans för att bärga in skörden. Vi har olika roller och uppgifter, men vi kommer att dela samma lön. Vi som Guds folk är kallade till det stora uppdraget. Att veta det har verkligen hjälpt mig att slappna av i arbetet med mission. Vi har olika uppdrag i Guds rike och vi behöver alla olika gåvor och kallelser som finns i Kristi kropp för att få jobbet gjort. Och det kommer att ske! Vi kommer att nå världen med evangeliet. Det Johannes såg i sin uppenbarelse kommer att bli verklighet. Han såg en stor skara, från varje nation och folkgrupp ära och tillbe Guds Lamm (Upp. 7:9-10).

Den dag då den helige Ande inte kunde vänta längre

Gud har alltid längtat efter att den skara som Johannes fick se ska komma hem. Det finns en viktig händelse i Apostlagärningarna som visar hur ivrig den helige Ande var att påbörja arbetet med detta. Denna händelse ägde rum vid det tillfälle då Petrus håller den första predikan som någonsin predikats för hedningar (Apg. 10:34-45). Genom den helige Andes övernaturliga ledning hade aposteln Petrus blivit ledd att följa med några män som tog med honom till Kornelius hus. Där väntade en grupp hedningar på hans ankomst (Apg. 10:1-24). De var alla samlade för att höra evangelium. Och Petrus delar de goda nyheterna om *"... hur Gud smorde Jesus från Nasaret med den helige Ande och kraft. Han gick omkring och gjorde gott och botade alla som var i djävulens våld, för Gud var med honom"* (Apg. 10:38). När Petrus predikar evangeliet, förkunnar han hur syndernas förlåtelse nu har blivit tillgängligt genom Jesu försoningsverk. Då hände något förunderligt:

Om honom vittnar alla profeterna att var och en som tror på honom får syndernas förlåtelse genom hans namn. Medan Petrus ännu talade föll den helige Ande över alla som hörde ordet. De troende judarna som hade följt med Petrus häpnade över att den helige Andes gåva blev utgjuten också över hedningarna, eftersom de hörde hur de talade i tungor och prisade Gud (Apg. 10:43-46).

När Petrus predikade om korsets kraft kunde den helige Ande inte vänta längre. Anden föll över hedningarna och döpte dem i eld, just där och då! Petrus och de andra omskurna troende blev ordentligt omskakade när hedningarna blev uppfyllda av den helige Ande och började tala i tungor. Detta vände upp och ned på deras världsbild. Petrus fattade som ledaren för teamet det enda möjliga beslutet i denna situation: *"Ingen kan väl hindra att de döps med vatten, när de har fått den helige Ande precis som vi? Och han befallde att de skulle döpas i Jesu Kristi namn. Sedan bad de honom stanna några dagar"* (Apg. 10:47-48). Denna händelse visar hur ivrig Gud var att bryta sig ut ur alla begränsningar för att nå människor med evangeliet, och Han är precis lika ivrig för det idag. Vi behöver träda in i gudomlig kreativitet för att förena oss med Honom i uppdraget att nå världen med Guds kärlek.

Kreativitet och mission

Eftersom Gud älskar världen med evig kärlek kommer Han hitta vägar att nå människor med evangeliet och han ger aldrig upp. Han kommer alltid finna vägar till att nå nationerna och Han vill att vi ska vara delaktiga i vad Han gör.

Jag är övertygad om att Fadern vill förlösa många nya kreativa uttryck och strategier att nå människor med evangeliet när vi har ett villigt hjärta. Detta är en av anledningarna till att drömmar, visioner och profetisk vägledning är en så viktig del av livet med den helige Ande.

Och det ska ske i de sista dagarna, säger Gud, att jag utgjuter av min Ande över allt kött. Era söner och era döttrar ska profetera, era unga ska se syner och era gamla ska ha drömmar. Ja, över mina tjänare och tjänarinnor ska jag i de dagarna utgjuta av min Ande, och de ska profetera (Apg. 2:17-18).

Visioner och drömmar från Gud förlöser himmelsk kreativitet så att vi kan nå världen med evangelium på nya och fräscha sätt! Skörden är mogen just nu och det är hög tid att nå nya grupper av människor Vi behöver hitta nya vägar och strategier så att vi kan utföra vårt uppdrag. Låt oss säga ja till Hans kallelse och bli en del av den världsvida rörelse som kommer att nå hela världen med evangeliet om Jesus Kristus!

Nya kreativa uttryck kommer att väcka kritik

När församlingen i Jerusalem hörde att Petrus hade predikat för hedningar och döpt dem till Kristus, blev han kraftigt ifrågasatt och kritiserad (Apg. 11:1-3). Detta kommer alltid hända när vi tar nya områden för Guds rike. Människor reagerar med fruktan på det inte förstår. Vi kan lära oss en hel del genom att studera hur Petrus hanterade den kritik han fick utstå. *"Petrus förklarade då steg för steg vad som hade hänt..."* (Apg. 11:4). Petrus försvarade inte sig själv eller startade en debatt. Han gav en saklig och logisk beskrivning av vad som hänt och han avslutade sin redogörelse för vad som hänt i Kornelius hus, med dessa ödmjuka ord: *"Om nu Gud gav dem samma gåva som han gav oss när vi kom till tro på Herren Jesus Kristus, vem var då jag att kunna hindra Gud"* (Apg. 11:17)? När vi blir kritiserade är detta ett bra sätt att hantera kritiken. Att lugnt och sansat redogöra för vad Gud har gjort och förklara varför vi måste följa den helige Ande, hjälper oss att ha vårt fokus på det som är viktigt.

Djävulen vill få in oss i ändlösa diskussioner och debatter för att stjäla fokus från Guds kärlek. Vårt uppdrag är att gå dit vår Far har kallat oss tillsammans med den helige Ande. Församlingen hade först varit kritiska till Petrus agerande, men de kunde efter hand se Guds handlande och ledning i situationen. De gav därför ett gott gensvar: *"När de hörde detta lugnade de sig, och de prisade Gud och sade: Till och med åt hedningarna har Gud alltså skänkt omvändelsen som ger liv"* (Apg. 11:18). Våra kritiker kommer inte alltid att gensvara lika vänligt, men vi kan besluta oss för att hantera den kritik som kommer på ett lika vänligt och ödmjukt sätt som Petrus gjorde i denna situation. Vi är kallade att predika evangeliet och vår tid är alltför dyrbar för att slösa på debatter.

Enkla sätt att vara med i Faderns Missionsrörelse

Vi lever i en spännande tid. Det är lättare än någonsin att jobba med mission och evangelisation. Vi har nu tillgång till så mycket teknik och sociala medier och det tar bara några timmar att resa till andra delar av världen. Här är några praktiska steg som du kan ta i att göra detta:

1. **Låt dig uppfyllas av Jesu Kristi medkänsla**
    Jag ber ofta Fadern fylla mig med Jesu egen kärlek till de förlorade. Guds kärlek bör alltid vara drivkraften till all evangelisation och mission. När vi lär känna Hans hjärta för de förlorade, kommer vi att bli motiverade att vinna dem för Kristus. Frukten Jesus söker efter, är att skaror från alla folk och nationer skall komma hem till Fadern.

2. **Kortare missionsresor**

Det är idag fullt möjligt att åka på en veckolång teamresa till andra länder där du kan få se starka demonstrationer av Guds kraft. Att få möjlighet att resa till andra delar av världen och leda människor till Kristus, döpa dem och få se hur de blir fyllda med den helige Ande är väldigt spännande. Jag rekommenderar att du gör detta till en vana. Åk på teamresor till nationerna så att du kan göra liknande upplevelser med Gud. Det är livsförvandlande!

3. **Utåtriktad mission via nätet**

Det team som jag är en del av har byggt ett spännande arbete på nätet som har öppnat spännande dörrar.
Genom våra poddar och de program som vi har sänt på nätet har nu vi sett hundratals komma till Jesus. Idag har vi ett guldläge att nå nationer som tidigare varit stängda för evangeliet och dit det är svårt att resa som missionär. Genom att arbeta online kan vi nu nå in i många sådana länder genom sociala medier och via andra hjälpmedel. Det finns möjlighet att nå stora delar av världen idag. Du behöver egentligen bara en laptop och lite kreativitet.
Vi kan faktiskt nå hela världen via nätet!

4. **Bön och förbön**

Vi nämnde att Jesus har kallat oss att be om arbetare till skörden. Att ta tid att be för missionsorganisationer och missionärer är ett mycket bra sätt att stötta mission. Våra förböner bidrar till att nationerna öppnas för evangeliet.

5. **Givande**

Att nå världen med evangeliet kostar pengar. Detta är en av orsakerna till att Gud vill ge oss ekonomiskt överflöd. Det gör att vi kan stötta spridningen av evangeliet.
De flesta av oss både kan och bör öka vårt givande till detta ändamål. Även om vi inte själva har möjlighet åka

på missionsresor kan vi ändå vara med genom att vårt givande. Även om vi brukar vara ute på missionsfältet så ska vi självklart ändå ge generöst till världsmissionen!

KAPITEL 20:
ATT VILA I KRISTUS

Den sista andliga disciplinen vi skall studera är att lära sig leva i trons vila. Det nya förbundet är byggt på att vi vilar i Jesu Kristi försoningsverk. Vi är kallade att leva i vila och frid.

Alltså kvarstår en sabbatsvila för Guds folk. Den som går in i hans vila får vila sig från sina gärningar, liksom Gud vilade från sina. Låt oss därför sträva efter att komma in i den vilan, så att ingen kommer på fall som de och blir ett exempel på olydnad (Hebr. 4:9-11).

Vi bör aldrig underskatta välsignelsen av vila. Till och med Gud tog ledigt en dag när Han hade skapat världen. Han avslutade sitt skapelseverk genom att skapa Adam, den första människan. Sedan vilade Gud och den dagen blev starten på Adams liv. Den första människans historia började med en vilodag. Detta är en profetisk bild för oss troende.

Innan vi kan göra något av värde i Guds rike, behöver vi lära oss att vila nåden. I det Nya Förbundet är Jesus själv vår Sabbatsvila och genom korset har vi blivit befriade från religiöst strävande. Vi kan nu vila oss från våra egna gärningar, men att vila i Kristus är inte detsamma som att vara inaktiv. Det kommer emellanåt krävas att vi jobbar hårt för att vi skall kunna göra det Gud kallat oss att till. Vi kan arbeta hårt och samtidigt ha inre vila, eftersom vi har blivit befriade från pressen att prestera. Jesus har gjort allt på korset och vi kan vila i det han fullbordat.

Finna vila för våra själar

"Kom till mig, alla ni som arbetar och är tyngda av bördor, så ska jag ge er vila. Ta på er mitt ok och lär av mig, för jag är mild och ödmjuk i hjärtat. Då ska ni finna ro för era själar, för mitt ok är milt och min

börda är lätt" (Matt. 11:28-30). I Jesu närvaro finns vila för vår själ. Detta är en av nya förbundets allra största välsignelser! Vi kan finna djup vederkvickelse för vårt inre i gemenskapen med Gud. När vi är hemmastadda i Hans närhet, kommer vila att bli vår livsstil. Jag kommer ihåg hur min syn på trons vila förändrades när jag upptäckte det nya förbundet.

Ända sedan jag blev frälst har jag alltid haft en längtan att leva helt och fullt för Gud. Jag var mycket hängiven men jag saknade kunskap om Guds nåd. Jag drevs av att försöka behaga Gud och bli den bästa möjliga lärjungen. Min drivkraft var egentligen inte fel. Jag älskade Gud och ville leva i lydnad men jag hade ett stort problem. Jag saknade uppenbarelse om det Nya Förbundet och Jesu försoningsverk. Därför lyckades jag aldrig finna den sanna vilan i tron. Jag trodde att det hängde på mig att få mitt liv med Gud att fungera, och att utbredandet av Guds rike var beroende av mina ansträngningar. Jag satsade hela mitt liv på detta men misslyckades fullständigt.

Det var då som den helige Ande tog mig på en resa, där jag fick insikt i det Jesus gjort genom sitt verk på korset. Jag insåg att vad jag försökt åstadkomma i egen kraft, hade Jesus redan fullbordat för mig. Jag behövde inte alls anstränga mig för att bli en duktig lärjunge för Jesus hade redan helgat mig och gjort mig helig och fullkomlig i Honom. Den helige Ande uppenbarade för mig att *"…i kraft av den viljan är vi helgade, genom att Jesu Kristi kropp har offrats en gång för alla…. Med ett enda offer har han för all framtid fullkomnat dem som helgas"* (Hebr. 10:10, 14). Kunskapen om detta ledde mig in i en livsstil av vila.

Vila är smaken av tro

När nu ett löfte finns kvar om att få komma in i hans vila, låt oss då akta oss så att ingen av er visar sig gå miste om det. Evangeliet har förkunnats för oss liksom för dem, men de hade ingen nytta av ordet de hörde eftersom det inte smälte samman i tro med dem som lyssnade. Det är vi som tror som går in i vilan (Hebr. 4:1-3).

Vi går in i det nya förbundets vila genom tro. När vi hör och tror evangeliet så kommer vilan som en frukt. Att höra evangeliet är inte detsamma som att höra budskap om vad vi behöver göra för Gud. Inte heller betyder det att höra om hur vi ska leva som fina kristna. Ett förvandlat liv och goda gärningar är en frukt av vår gemenskap med Jesus.

Att höra evangeliet betyder att höra de goda nyheterna om vad Jesus redan har fullbordat för oss. När vi får tag på vad Jesus har gjort för oss på korset, kommer vi att finna vila. Denna inre vila är det främsta kännetecknet på ett liv i tro. Orsaken till den stress och press som troende idag lever under, är otro. Om en troende hör evangeliet, men av någon anledning inte tror det så blir det omöjligt att leva i trons vila med Kristus. Sann vila kommer alltid från en uppenbarelse av evangeliet.

Ta tid att vila

Att veta att det inte längre vilar något krav på oss att behaga Gud gör det lättare att lägga in tid av vila i vårt schema. Det är svårt att vila i vår relation med Gud, om vi lever i den tron att allt beror på oss. När vi växer i insikt om hur det Nya Förbundet fungerar, kommer vi snart inse att pressen att bygga Guds rike aldrig har vilat på våra axlar. Jesus bygger själv sin församling och Han vet vad Han gör. Han behöver inte vår strävan för att fullgöra sina syften, men Han gläder sig över att bygga sitt rike tillsammans med oss. Därför har Han bjudit in oss till att ta del i vad Han gör. När vi vet att det är Jesus som har ansvaret för sitt rike kan vi ta några dagar ledigt då och då, utan att behöva oroa oss för att vi skulle missa Guds vilja.

Sabbaten som en profetisk bild

Sabbaten var en mycket viktig dag för Guds folk under Gamla förbundets tid. *"Under sex dagar ska arbete utföras, men den sjunde dagen är vilosabbat, en dag för helig sammankomst. Inget arbete ska ni då utföra. Det är Herrens sabbat, var ni än bor"* (3 Mos. 23:3). Den var deras vilodag och att hålla den, betraktades som en handling av lydnad och tillbedjan till Gud. Därför sågs som en mycket allvarlig synd att bryta sabbaten och det straffades med döden. *"Sex dagar ska man arbeta, men den sjunde dagen är en sabbat för vila, helgad åt Herren. Var och en som utför något arbete på sabbatsdagen ska straffas med döden"* (2 Mos. 31:15). Anledningen till att det var så allvarligt att bryta sabbaten har att göra med tillbedjan. Att inte ta ledigt en dag i veckan var liktydigt med att man satte sin förtröstan till sina egna gärningar för sin försörjning, medan att fira sabbaten var ett uttryck för förtröstan på Gud.

Sabbaten är en profetisk bild för vårt liv av vila i Kristus. Paulus skriver: *"Låt därför ingen döma er för vad ni äter och dricker eller när det gäller högtid eller nymånad eller sabbat. Allt detta är en skugga av det som skulle komma, men själva verkligheten är Kristus"* (Kol. 2:16-17). Jesus Kristus är själva uppfyllelsen av sabbaten och i Kristus kan vi leva i konstant vila, eftersom Jesus själv är vår sabbat. Det är fortfarande en bra idé att ha en ledig dag varje vecka, då vi tar tid för vila. Detta är inte bara en lag som människorna i det gamla förbundet var tvingade att följa. Det är också en andlig princip som finns där för vårt bästa så att vi kan förbli utvilade och pigga.

Sabbaten är Guds gåva till oss

"Sabbaten skapades för människan och inte människan för sabbaten. Alltså är Människosonen Herre också över sabbaten" (Mark. 2:27-28). Sabbaten gavs till oss eftersom vår Fader vet att vi behöver vila. Att lära sig hur vi vilar är en viktig aspekt av vårt liv med Gud och därför behöver vi en veckorytm med återkommande vila.

När Jesus kallar oss in i gemenskap med sig så vill Han ge vila och frid till själen. De konflikter som uppstod mellan Jesus och fariséerna när Han botade människor på sabbaten, berodde på att de hade fått detta om bakfoten. De trodde att människan hade skapats för att hålla sabbaten och satte då själva budet att hålla sabbaten i centrum, inte Guds kärlek och medkänsla. Jesus gav sabbaten som en möjlighet för oss att vila ut. Vi behöver göra det om vi ska förbli friska och lyckliga. Vi kan urskilja när vi hamnat i ett lagiskt sätt att tänka, genom att ställa oss frågan, ifall yttre gärningar har ersatt Faderns hjärta som centrum för vårt liv.

Faderns kärlek i centrum

Det är alltid viktigt att hålla fast vid det mest centrala, och för oss är det är allra viktigaste att alltid förbli rotade i Faderns kärlek. Att bygga vår relation med Gud får aldrig bli till lagiska ritualer, som handlar om att vinna Hans favör och gillande. Inte heller får det handla om hur duktiga vi är på andliga discipliner. Att förbli i Faderns kärlek och att leva fast grundade i Kristi fullbordade verk är alltid målet. Andliga övningar, inklusive att hitta vilan i Kristus är redskap som hjälper oss att gensvara till Honom, men de får aldrig bli huvudsaken. Det mest centrala är att vi förblir i vissheten att vi är älskade av Honom (1 Joh. 4:16-19).

Att finna frid i Hans närvaro

"Frid lämnar jag åt er. Min frid ger jag er. Jag ger er inte det som världen ger. Låt inte era hjärtan oroas och tappa inte modet" (Joh. 14:27). Jesus lovade att ge oss sin frid, och ett liv i frid har mycket att göra med trons vila. Eftersom trons vila inte är liktydigt med inaktivitet, behöver vi en bättre definition av vad vila är. Kanske ett av de bästa sätten att definiera trons vila är följande: *Vilan i Kristus innebär att vara tillfreds i Fars närhet.* I Hans närhet finner vi frid och där blir vi upplivade och förnyade i vår ande. Att leva i frid är faktiskt en form av andlig krigföring också. Det är ingen

tillfällighet att Paulus skrev så här: *"Fridens Gud ska snart krossa Satan under era fötter. Vår Herre Jesu Kristi nåd vare med er"* (Rom. 16:20). Att vara fylld med Guds frid är ett kraftfullt vapen. Satan har inget vapen som fungerar mot Guds frid. Han verkar alltid i stress och fruktan, men när vi är uppfyllda av Guds frid kommer djävulens gärningar och planer misslyckas.

Mina vanor för vila

Vi läste tidigare att Hebréerbrevets författare uppmuntrar oss till att *"… sträva efter att komma in i den vilan, så att ingen kommer på fall som de och blir ett exempel på olydnad"* (Hebr. 4:11). Det kan ibland krävas viss ansträngning från vår sida att planera för vila, eftersom aktivitet och arbete för Gud är så naturligt oss. För att försäkra mig om att jag inte glömmer att planera tid för att vila, har jag utvecklat några vanor som har hjälpt mig mycket. Jag vill dela några av dessa här som en uppmuntran och hjälp för dig:

- Jag har gjort det till en vana att vila en dag varje vecka. Under den dagen kopplar jag bort mitt jobb. Det var till en början lite svårt att inte läsa mina mejl eller svara på jobbtelefonen på mina lediga dagar, men det har blivit lättare med åren. Den tid vi tar för vila och återhämtning är alltid väl använd. Det hjälper oss att orka vandra med Gud under många år framöver.

- Jag öppnar varken min mejl, läser mina sms eller ringer telefonsamtal, förrän jag tillbringat min kvalitetstid med Far varje morgon.

- Under sommaren försöker jag ta minst fyra veckor ledigt från resande och predika i konferenser. Jag försöker göra detsamma i slutet av varje år också. Jag vill, än en gång, understryka att detta inte alltid är lätt eftersom jag älskar att vara aktiv, predika och möta människor. Men jag har insett att jag fungerar mycket bättre när jag är utvilad.

- En annan nyckel för mig har varit att träna mig i att vara mentalt närvarande när jag är hemma. Detta var tidigare en stor utmaning för mig. Eftersom jag reste till många nationer i världen så var det lätt för mig att vara mentalt ute på missionsfältet i tanken, även när jag var hemma. Detta blev frustrerande för min fru och mina barn, och jag insåg att jag behövde göra något åt det. Med tiden har jag utvecklat en vana som har hjälpt mig och den kan beskrivas lite så här: När jag är på väg hem efter en resa tar jag tid att processa vad som hänt. Därefter lägger jag min resa i Guds händer innan. När jag sedan är tillbaka, fäster jag mitt fokus och min uppmärksamhet på min fru och mina barn. När de möter mig på flygplatsen är jag helt och fullt närvarande med dem. Denna välsignade vana har hjälpt mig att bli bättre på att vara närvarande med familjen.

- En annan viktig vana för mig har varit att se till att jag gör sådant jag uppskattar, för det hjälper mig att koppla av. Jag gillar att se på sport eller en bra film, att tillbringa tid med min familj och spela videospel med mina barn. Jag uppskattar också att läsa böcker och lyssna på bra poddar. Jag ser till att lägga upp mitt schema så att jag får tid till detta. Det hjälper mig att koppla av och vila.

Vi har alla olika scheman och livssituationer att hantera så jag föreslår inte att du planerar din vila på samma sätt som jag gör. Jag delar dessa punkter som en uppmuntran att finna vägar som underlättar när du planerar din lediga tid.

Vad händer om vi inte tar tid att vila?

Jesaja gav ett profetiskt ord om vad som händer när Guds folk förkastar den viloplats Fadern erbjuder. *"Han som en gång sade till dem: Här är viloplatsen, låt den trötte vila. Här finns ro. Men de ville inte lyssna"* (Jes. 28:12). Folket erbjöds en plats att vila på, men de ville inte lyssna på Gud. Ibland kan vi falla i samma fälla och det behöver inte ens vara ett medvetet val. Livet flyger fram i ett högt tempo för så många av oss och vi kan bli så upptagna med allt som händer, att vi inte kan höra Guds röst när Han säger till oss att sakta ner. När livet går på i högt tempo är det mycket svårare att lyssna till de signaler som vår kropp och själ ger oss att sakta ner och vila. Jesaja visar på konsekvenserna av att missa vår tid av vila, när han fortsätter sitt profetiska budskap:

Och Herrens ord blev för dem bud på bud, bud på bud, ljud på ljud, ljud på ljud, lite här, lite där Så ska de, där de går, falla baklänges och krossas, bli snärjda och fångade (Jes. 28:13).

Vårt liv med Gud kommer att bli en religiös börda och ett lagiskt ok om vi glömmer att vila i Kristus. Därför bör vi lyssna till det råd som vi läste i Hebréerbrevet och sträva efter att komma in i trons vila. Då kommer Guds Ord vara levande för våra hjärtan, genom Guds brinnande kärlekseld i vårt inre.

Att bygga upp en livsstil av vila

Jesus är vår sabbatsvila och vi finner alltid frid i relationen med Honom. Genom att leva i nära gemenskap med Jesus, lär vi oss att leva ut den vila Han ger. Det finns vissa steg vi kan ta som kan att hjälpa oss i detta:

1. **Var rotad och grundad i det Nya förbundet.**
Vila kommer som en frukt av uppenbarelsen om det Nya
förbundet. När vi inser att allt som Gud förväntar sig av
oss redan blivit fullbordat igenom Kristus, finner vi vila
i Hans försoningsverk.

2. **Inse att du inte är lösningen på allt.**
Att veta att Jesus är den som bygger sin församling frigör
oss från många felaktiga förväntningar. När vi tar ledigt
och vilar så fortsätter Han med att bygga sin församling.
Han klarar det både med och utan oss. Vi finner frihet
och vila när vi inser att vi inte är så viktiga att Han slutar
bygga sin församling, bara för att vi tar lite ledig tid.

3. **Att planera för semester och vilodagar.**
Livet är så intensivt och fyllt av distraherande moment,
att om vi inte planerar vilotid så kommer det inte bli av.
Jag föreslår att du avsätter tid inför ny varje månad till
att sitta ner och boka in vilodagar i ditt schema. Om det
fungerar bättre för dig kan du göra det varje vecka.

4. **Tillåt andra människor att titta på ditt schema.**
Vi kan ibland bli blinda för vårt eget höga tempo. Jag har
haft god hjälp av att låta min fru och mina barn ha insyn
i min planering. Ibland diskuterar jag mitt schema med
mina mentorer också. Människor i din närhet kan ofta se
saker som du inte själv ser. Mitt förslag är att du låter din
familj och dina närstående komma med synpunkter på
hur du planerar din tid.

AVSLUTANDE ORD

Jag skrev denna bok för att lyfta fram några andliga discipliner
som kan hjälpa oss att samarbeta med Kristi kärlek i att bygga en
dynamisk relation med Jesus. Dessa andliga discipliner återfinns
i Bibeln och jag har länge sett ett stort behov av undervisning i
detta ämne. Livet blir tråkigt när vi lever i passivitet. Att finna
vägar att gensvara till Far är en viktig del av vårt barnaskap. Jag
har personligen haft stor nytta av de vanor och övningar som vi
har studerat i denna bok. De har hjälpt mig att gensvara till Guds
kärlek och växa i intimitet med den helige Ande. Jag hoppas att
de ska bli till hjälp och välsignelse för dig också. Sanningen är att
om vi vill leva i en livsstil där vi förblir i Guds kärlek, behöver vi
goda vanor och personlig överlåtelse till andliga övningar. Detta
har inget att göra med lagiska krav, men det har allt att göra med
att vårda den eld som tänts i våra hjärtan av Faderns kärlek.
Andlig disciplin och goda vanor skapar vägar till att samarbeta
med Jesus så att Hans liv kan formas i oss. Målet är att lära oss
älska som Jesus gjorde. Jesus uppenbarade alltid Faderns kärlek
och när vi samarbetar med Honom, blir vi förvandlade till Hans
avbild. Då kommer våra liv uppenbara Faderns kärlek överallt.

Men nu när vi har nått fram till de sista sidorna i denna bok vill
jag komma tillbaka till det allra viktigaste. Du är kallad att förbli
i Faderns kärlek. Detta är syftet med allt. Han vill att vi ska känna
Honom och vara både rotade och djupt grundade i Hans kärlek.
Jag vill avsluta denna bok med det bibelställe som inspirerat mig
att skriva denna bok.

Och vi har lärt känna den kärlek som Gud har till oss och tror på den.
Gud är kärlek. Den som förblir i kärleken förblir i Gud, och Gud förblir
i honom. Så har kärleken nått sitt mål hos oss: att vi har frimodighet på
domens dag. För sådan han är, sådana är också vi i den här världen.

Det finns ingen rädsla i kärleken, utan den fullkomliga kärleken driver ut rädslan, för rädsla hör samman med straff. Den som är rädd är inte fullkomnad i kärleken. Vi älskar därför att han först har älskat oss.
 (1 Joh. 4:16-19)

Att förbli i Hans kärlek, bli förvandlad genom Hans kärlek – ja, att bli uppslukad av Hans kärlek så att vi återspeglar Hans hjärta för världen – det är vårt syfte i livet. Först och främst är vi kallade att vara goda mottagare av Hans kärlek, godhet och nåd. Varje god vana och andlig disciplin som vi bygger upp i det fördolda med Honom är tänkt att vara en frukt av detta.

Jesu kärlek är som en brinnande eld. Den har en vildhet i sig och Hans kärlek formar oss till pionjärer som bryter med status quo och döda religiösa traditioner. Nästa bok i denna serie handlar om Jesu kärlek till sin brud. Boken bär titeln *"Jesu Kristi brinnande kärlek"*. I den boken kommer vi fortsätta studera hur vi kan förbli i Guds kärlek, men då från perspektivet att vi är Jesu Kristi brud. Berättelsen om Jesus och Hans brud är den i särklass mest vackra kärlekshistorien genom tiderna, och det bästa av allt är att du och jag spelar en huvudroll.

Det finns troligen en massa som kunde sägas som en avslutande uppmuntran men jag tror att bästa sättet att avsluta denna bok, är att lämna dig med dessa ord:

Din Far älskar dig, och Han är mycket nöjd med dig!

BIBLIOGRAFI

När inget annat anges har bibelcitat hämtats från Svenska Folkbibeln 2015; © 2015, Stiftelsen Svenska Folkbibeln, Stockholm, och Stiftelsen Biblicum, Ljungby.

Lista på rekommenderade Bibelöversättningar

The Passion Translation
The Passion Translation® is a registered trademark of Passion & Fire Ministries, Inc. Copyright © 2020 Passion & Fire Ministries, Inc.

The Message
The Message. Copyright © 1993, 1994, 1995, 1996, 2000, 2001, 2002.

King James Version

Amplified Bible
Amplified® Bible Copyright © 2015 by The Lockman Foundation, La Habra, CA 90631.

New American Standard Bible
NEW AMERICAN STANDARD BIBLE® NASB® Copyright © 1960, 1971, 1977,1995, 2020 by The Lockman Foundation A Corporation Not for Profit La Habra, CA. All Rights Reserved.

New International Version
HOLY BIBLE, NEW INTERNATIONAL VERSION®. NIV®. Copyright © 1973, 1978, 1984 by the International Bible Society.

New Living Translation
Holy Bible, New Living Translation, copyright 1996, 2004, 2007, 2015 by Tyndale House Foundation. Used by permission of Tyndale House Publishers, Inc., Carol Stream, Illinois 60188. All rights reserved.

New King James Version
The Holy Bible, New King James Version, Copyright © 1982 Thomas Nelson. All rights reserved.

Resurser för Bibelstudium

Strong's Concordance
Strong, James. *Strong's Exhaustive Concordance of the Bible.* Peabody: Hendrickson Publishers, 2009.

Vine's Dictionary
Vine, W. E., and Merrill Unger. *Vine's Complete Expository Dictionary of Old and New Testament Words: With Topical Index.* Nashville: Thomas Nelson, 1996.

OM FÖRFATTAREN

Martin Reén lever i norra Sverige tillsammans med sin fru Linda och deras tre barn Isak, Benjamin och Noomi. Martin och Lindas vision har alltid varit att lära känna Faderns hjärta på djupare sätt, att växa i intimitet med Jesus Kristus och bli formad till Hans avbild. Martin bär på visionen att introducera Faderns kärlek och Jesu Kristi fullbordade verk till hela Kristi kropp, så att troende kan vara trygga i sin identitet som söner och döttrar till Gud och lära sig leva Kristi liv. Martin och Linda reser över hela världen för att predika evangeliet, undervisa i bibelskolor, seminarier, konferenser och genom kurser och seminarier online. De arbetar också med mission, själavård och ledarskapsträning.